Ursula Guthörl • Körbe in Kampen

AF665484

KÖRBE IN KAMPEN

von

Ursula Guthörl

Erzählung

FRIELING

Weitere Publikationen der Autorin:

„Die Erde hängt an einem Faden“
(August von Goethe Literaturverlag, 2023)
„Tanz um den Göttelborn“
(novum Verlag, 2022)
„Zeichen und Gnade“
(edition sawitri, 2021)
„Wasser-Morgen oder Intuition und Liebe“
(Edition Göttelborn, 2005)

Bibliografische Information der Deutschen Nationalbibliothek
Die Deutsche Nationalbibliothek verzeichnet diese Publikation in derDeutschen Nationalbibliografie; detaillierte bibliografische Daten sind im Internet über http://dnb.d-nb.de abrufbar.
© Frieling-Verlag Berlin • Eine Marke der Frieling & Huffmann GmbH & Co. KG
Rheinstraße 46, 12161 Berlin
Telefon: 0 30 / 76 69 99-0
www.frieling.de
ISBN (Print): 978-3-8280-3791-5
Auch als E-Book verfügbar (ISBN 978-3-8280-3792-2)
1. Auflage 2023
Bildquelle/Gestaltung: pixabay
Sämtliche Rechte vorbehalten
Printed in Germany

Inhalt

KAPITEL I

Verliebt in und auf Sylt

Die Sekretärin

Mit fünfunddreißig konnte Erna die Errungenschaften ihres Lebens nicht mehr so richtig schätzen. Allerdings wäre ihr nie eingefallen, einfach alles hinzuschmeißen. Sie wusste, dass sie für ihre Verhältnisse mit Mittlerer Reife und dem Abschluss der zweijährigen Höheren Handelsschule das mögliche Maximum an beruflichem Erfolg erreicht hatte. Sie arbeitete als Sekretärin eines Referatsleiters bei einer internationalen europäischen Institution und verdiente mehr als viele Akademiker ihres Herkunftslandes. Der französische Chef schätzte sie, da sie ihre Aufgaben zuverlässig in Deutsch, Französisch und Englisch erledigte. Außerdem schien er auch an ihrer äußeren Erscheinung Gefallen zu finden. Einmal deutete er an, dass er nicht nein sagen würde. Doch er war viel zu brav und solide verheiratet, um von sich aus einen Vorstoß zu wagen. Das war Erna sehr angenehm, denn mit aufdringlichen Vorgesetzten hatte sie bereits Erfahrungen gemacht. Außerdem war er nicht ihr Typ, und seine Hände waren immer schweißnass. Manchmal sagte er, dass er deutsche Sekretärinnen bevorzuge, weil sie fleißiger und weniger frech als die Französinnen seien. Erna verhielt sich ihm gegenüber reserviert. Wenn die Kollegen über ihn herzogen, war sie immer auf deren Seite. Sie schmeichelte sich nie beim Chef ein und sagte frei heraus, wenn ihr irgendetwas nicht passte. Das schien ihm zu imponieren. Jedenfalls behandelte er sie stets mit Respekt und setzte sich auch für sie ein, damit sie befördert wurde und mehr verdiente. Mitarbeiter, die ihm gegenüber Unsicherheit erkennen ließen, behandelte er schlecht.

Ernas Schwäche war, dass sie morgens nicht gut aus dem Bett kam. Im Büro erschien sie meist erst nach neun, anstatt halb neun. Das tolerierte der Chef, da sie abends länger blieb als die meisten.

Erna hatte also keinen direkten Grund, sich über ihre Arbeit im Statistischen Amt zu beklagen. Nur, sie fühlte sich maßlos angeödet, weil Statistik nicht ihrem Wesen entsprach. Trotzdem war sie Expertin im Erstellen großer Tabellen mit vielen Zahlenkolonnen auf einer schweren Schreibmaschine. Ihre Striche trafen immer genau aufeinander. Jede Tabelle war ein kleines Kunstwerk. Das gefiel dem Chef besonders. Er war scheinbar ein Augenmensch. Die äußere Form der Tabellen war ihm wichtiger als der Inhalt. Er versteht von Statistik wahrscheinlich nicht viel mehr als ich, dachte Erna. Die Zahlenreihen musste er ja nicht selbst ausrechnen. Das taten die Mitarbeiter. Wenn Erna hinsichtlich ihrer Arbeit über etwas im Zweifel war und ihren Vorgesetzten konsultierte, sagte er nur: „Débrouillez-vous!“ (Sie müssen sich selbst zu helfen wissen). Das tat sie also.

Erna legte auch Wert darauf, im Privatleben nicht als Sekretärin bezeichnet zu werden. Sie bestritt lediglich ihren Unterhalt als Sekretärin und identifizierte sich nicht mit einer solchen. Eine sogenannte Freundin, die selbst kaum das Nötigste zum Leben verdiente, kam ihr einmal mit den Worten entgegen: „Ach, die Sekretärin!“ Erna fühlte sich gekränkt, weil sie einen gewissen geringschätzigen Unterton zu hören glaubte. Noch schlimmer war es natürlich, Stenotypistin, Schreibkraft oder gar Tippse genannt zu werden. Gleichzeitig war sie sich der Schwierigkeit ihres Berufes bewusst. Jeder Spötter hätte einmal ein viele Seiten langes Stenogramm in rücksichtsloser Geschwindigkeit in einer Fremdsprache aufnehmen und anschließend fehlerfrei in ausgewogener Form auf einer schweren, mechanischen Schreibmaschine wiedergeben sollen. Er oder sie hätte wohl kläglich versagt. Dazu gehören größte Konzentrationsfähigkeit, Kombinationsgabe, sehr gute Sprachkenntnisse und flinke Finger, die so gut wie nie die falsche Taste treffen. Schon in der Schule hatten die jungen Männer schlechte Noten in den Fächern Maschineschreiben und Stenografie gehabt. Sie hatte bereits gewusst, dass diese undankbaren Arbeiten ohne Prestige im Berufsleben von Frauen ausgeführt wurden. Außerdem war Maschineschreiben Schwerstarbeit, bevor elektrische Maschinen und später Computer eingeführt wurden. Tipp-Ex gab es zu jenen Zeiten noch nicht. Jeder Fehler musste mühsam ausradiert werden. Auch mit Rasierklingen wurde gearbeitet. Natürlich sah man die Spuren, und eine gute Sekretärin schämte sich. Schlimm waren auch die vielen, manchmal acht, Kopien mit Kohlepapier dazwischen. Die mussten ebenfalls verbessert werden. Erna hatte eigentlich fast immer Entzündungen und Schmerzen in den Armen, Handgelenken und Schultern. Doch die ignorierte sie. Was sollte sie machen? Etwas anderes hatte sie nicht gelernt. Die Knubbel in den Oberarmen sind nie mehr ganz verschwunden. Es gab Chefs, die ein fehlendes Komma mit dickem Rotstift einsetzten, so dass der ganze Text neu geschrieben werden musste. Erna schaffte es irgendwann, in einer Art aufmerksamer Trance viele Seiten ohne Tippfehler zu schreiben. Das war ein besonderer, sehr anstrengender Willensakt. Leider werden solche Fähigkeiten nicht anerkannt von denen, die niemals dazu in der Lage wären und es nicht nötig haben, derartig untergeordnete Tätigkeiten auszuführen.

Dieses tägliche unbefriedigende Einerlei wurde nur durch den Urlaub einmal im Jahr unterbrochen. In ihrer ersten Arbeitsstelle bei einer Bank hatte Erna zwölf Tage Urlaub im Jahr. Auch an Samstagen musste noch gearbeitet werden. Sie liebte das Schwimmen im Meer und das Sonnenbaden auf einem Sandstrand, seit sie mit einundzwanzig Jahren zum ersten Mal das Meer in Rimini gesehen hatte. Die Hotels, in denen sie abstieg, entsprachen der unteren bis mittleren Preisklasse. Luxus hätte ihre Mittel überstiegen. Sie probierte mehrere südliche Länder aus. Doch wirklich zufrieden war sie nie. Entweder waren die Strände steinig oder schmutzig, zu weit vom Hotel entfernt, das Zimmer zu laut, das Essen schlecht oder die Leute uninteressant usw. Sie hatte keine passenden Freunde in ihrem kleinen Dorf, mit denen sie gern zusammen in Urlaub gefahren wäre. Deshalb war sie darauf angewiesen, an Ort und Stelle Gesellschaft zu finden. Schließlich wollte sie nicht zwei oder später drei Wochen stumm sein. Ab und zu traf sie alleinreisende Frauen und Männer. Frauen waren ihr lieber, weil die Männer nicht nur reden wollten. Sie hatte an sich nichts gegen amouröse Abenteuer. Vielleicht hätte ja etwas Dauerhaftes daraus werden können, und Aids gab es noch nicht. Doch die Männer, die ihr über den Weg liefen, entsprachen nicht ihren Vorstellungen. Wenn sie nach einigen Tagen immer noch allein war, ließ sie sich auf die Annäherungsversuche der männlichen Hotelangestellten ein. Sie waren herzlicher und amüsanter als die Touristen.

Der Popsänger

In der Stadt, wo Erna ab ihrem neunundzwanzigsten Lebensjahr wohnte und arbeitete, hatte sie fünf Jahre lang einen Freund, Chris Baldo. Mit ihm fuhr sie nur einmal im Winter in die Alpen. Im Sommer hatte er nie Zeit, sie ans Meer zu begleiten. Er war nämlich Popsänger und Sprecher bei Radio Luxemburg. Jeder dachte, dass er erfolgreich und wohlhabend wäre. Während der ersten zwei Jahre lief ihre Beziehung so einigermaßen. Erna träumte ebenfalls vom Singen und hatte manchmal Gelegenheit, zusammen mit der Band ihres Freundes aufzutreten, wenn sie ihn zu seinen Galas begleitete. Manchmal bekam sie mehr Applaus als er. Das schien ihm nicht zu gefallen. Jedenfalls hatte die Band bald keine Zeit mehr, mit ihr zu proben. Ihre Liebe zum Chanson ließ sie über mangelnde Zärtlichkeit, fehlendes sexuelles Feingefühl und Potenzschwierigkeiten ihres Freundes hinwegsehen. Obwohl sie so gerne sang, gelang es ihr nicht, Musiker zu finden, die mit ihr zusammen eine Band gründen wollten. Irgendwann begann der Stern ihres Freundes zu sinken. Die Plattenfirmen wollten kein Geld mehr in diesen unzuverlässigen Schlagersänger investieren. Er schaffte es nicht, Ordnung in seinen Terminkalender zu bringen, und kam ständig überall zu spät, war unausgeschlafen und versuchte sich mit Alkohol aufzuputschen. Er war ein Chaot. Der französische Plattenproduzent spekulierte darauf, dass Ernas Freund seine Titel im Radio auflegte. Wohl hauptsächlich deshalb bekam er einen Vertrag für einige Schallplatten. Er konnte auch nicht mit Geld umgehen und hatte schließlich nur noch Schulden. Sein Vater, ein wohlangesehener Direktor, unterstützte ihn nicht mehr. Obwohl er nicht die Mittel dafür hatte, kaufte er sich einen neuen MG-Sportwagen. An sich war er genügsam und lebte noch im Elternhaus. Doch der Sportwagen war das äußere Zeichen für seinen Erfolg, auf den er nicht verzichten wollte. Er konnte den Gedanken nicht ertragen, dass die Leute ihn in einem bescheidenen Auto sähen. In seinem kleinen Land kannte ihn nämlich jeder. Wenn er wieder einmal einen Wechsel unterschrieben und kein Geld auf dem Konto hatte, kam er zu Erna und bat sehr lieb um ein Darlehen. Er würde es auch bald zurückzahlen, versprach er. Als Sicherheit gab er ihr jedes Mal einen Scheck. Die Schecksammlung ruht noch heute, nach über dreißig Jahren, in einem Kästchen irgendwo in der hintersten Ecke ihres Schrankes. Der Unterzeichner weilt schon seit mindestens fünf Jahren nicht mehr unter den Lebenden.

Erna wurde immer unzufriedener und frustrierter. Eigentlich empfand sie nur noch Mitleid für ihren Freund. Ihr Sparkonto war leer, da sie ihn immer wieder vor dem Abgrund einer Anklage wegen Wechsel- oder Scheckbetrug erretten musste. Sollte sie ihn jetzt verlassen, wo er gerade auch alles andere verlor? Einen Plattenvertrag bekam er nicht mehr, und der Sprecherjob beim Radio wurde ihm ebenfalls gekündigt. Er stand also arbeitslos und verschuldet auf der Straße. Gut, dass er wenigstens noch im Elternhaus wohnen konnte. Allerdings war Erna um ihre Gesundheit besorgt. Sie schlief nur noch schlecht, weil sie fast jede Nacht von Alpträumen heimgesucht wurde. Ein gefährliches Ungeheuer kam in einem Traum immer wieder auf sie zu, bis es ganz nah vor ihrem Gesicht stand. Dann war ihre Angst so groß, dass sie aufwachte und zitternd im Bett lag. Sie fürchtete sich vor dem Einschlafen, weil sie dann womöglich wieder bedroht würde. Instinktiv ahnte sie, dass ihr Freund die Ursache dafür war. Trotzdem war sie für eine Entscheidung noch nicht reif oder bereit.

Auf nach Sylt

Erna beschloss, erst einmal in Urlaub ans Meer zu fahren, um dort in Ruhe ihre Gedanken zu ordnen und herauszufinden, ob sie sich weiter mit ihrem Freund herumquälen oder ihn dorthin schicken sollte, wo der Pfeffer wächst. Doch welches Meer kam dafür infrage? Die überlaufenen Strände, die sie bis jetzt kennengelernt hatte, wären für eine solch wichtige Entscheidungsfindung kaum geeignet. Sie hatte öfter gelesen, dass die Insel Sylt sehr angenehm und erholsam war. Also besorgte sie sich Prospekte und buchte ein Zimmer mit Halbpension im Hotel Stadt Hamburg in Westerland. Auf dem Foto sah es am einladendsten aus. Einen gewissen Komfort wollte sie sich diesmal gönnen. Sie hatte ja überhaupt keine Ahnung von den Gegebenheiten dieser Insel und wo man als alleinstehende Frau am besten wohnte und badete.

Erna kaufte sich einen neuen Bikini, einen Hosenanzug zum Darübertragen auf dem Weg zum Strand und eine Straßenkarte. Danach war sie pleite. Ihre Ersparnisse steckten ja im neuen MG mit Hardtop des achtundzwanzigjährigen, arbeitslosen Ex-Popstars. Da sie ein gesichertes monatliches Einkommen hatte, gewährte ihr die Bank problemlos einen Überziehungskredit. Nun stand ihrer Abreise in das Urlaubsparadies der nördlichsten Region Deutschlands nichts mehr im Wege. Sie belud ihren kleinen Renault bis unters Dach und los gings. 1971 waren die Autobahnen noch nicht so verstopft. Sie kam zügig voran. Kurz vor Hamburg machte sie halt, um in einem Autobahnmotel zu übernachten. Die große Stadt wollte sie erst am nächsten Morgen ausgeschlafen durchqueren. Seltsamerweise hatte sie keine Angst davor, obwohl sie bis dahin noch nie eine so komplizierte Stadt mit dem Auto erobert hatte. Den Autobahntunnel gab es zu jenen fernen Zeiten noch nicht. Ganz einfach war es für sie nicht, den Weg Richtung Schleswig-Holstein zu finden. Doch trotz ihrer geringen Erfahrung mit Großstädten schaffte sie es ohne besondere Schwierigkeiten. Nur das rechtzeitige Einordnen erschien ihr etwas kompliziert. Wenn sie Zweifel hatte, blieb sie einfach auf der mittleren Spur, was sich als richtig erwies.

In Niebüll angekommen, hielt Erna Ausschau nach dem Autozug über den Hindenburgdamm nach Sylt. Als sie eine lange Autoschlange sichtete, dachte sie: Hier muss ich mich wohl anstellen. Irgendwann gab es Zuggeräusche, und die Schlange setzte sich ruckhaft in Bewegung. Erna fuhr immer hinterher, kam an einem Häuschen vorbei, wo sie bezahlen musste, und fuhr schließlich vorsichtig die Rampe zum Autozug hinauf. Sie rollte über viele Waggons, bis es nicht mehr weiterging, und zog am Ende sorgfältig die Handbremse. Männer liefen vorbei und forderten die Autofahrer auf, etwas dichter aufzurücken, und kontrollierten die Karten. Erna war in erwartungsvoller Stimmung. Sie beobachtete die Insassen der Autos vor und hinter ihr. Irgendwie wirkten sie recht angenehm entspannt. Schließlich fuhr der Zug los. Nach einer Weile näherte er sich der Küste und war bald mitten im seichten Wattenmeer. Erna stand auf der oberen Plattform und blickte verzaubert um sich. Es kam ihr fast so vor, als schwebe ihr Auto ohne Untersatz durch den leichten Dunst über dem Wasser. Das eigene Gehäuse gab ihr heimische Geborgenheit. Gleichzeitig fühlte sie sich wie von der Erde abgehoben in einer anderen, mystischen Welt. Viel zu schnell näherten sich die ersten Häuser der Insel. Erna hätte gern noch länger in dieser entrückten Atmosphäre verweilt. Jedes Mal, wenn sie in späteren Jahren erneut nach Sylt fuhr, hatte sie ähnliche Empfindungen. Es war immer wie eine Rückkehr in ihre eigentliche Heimat.

In Westerland fand Erna schnell ihr Hotel mit hauseigenem Parkplatz. Das Zimmer lag zum Innenhof, ohne Aussicht. Doch es war hübsch und komfortabel. Sie hatte ja sowieso nicht die Absicht, sich tagsüber darin aufzuhalten. Das erste Abendessen war ein Genuss. Erna hatte wahrscheinlich noch nie so gut gespeist. Sie wurde sehr aufmerksam bedient und hatte nicht das Gefühl, als Frau allein weniger wichtig zu sein. Sie hatte immer einen schönen Tisch, fühlte sich wohl und aß mit Wohlbehagen.

Dämpfer

Am Morgen darauf zahlte sie die Kurtaxe für Westerland und stieg zum Strand hinunter, doch der gefiel ihr nicht. Die Leute lagen ihr zu dicht nebeneinander, fast so wie im Süden am Mittelmeer. Nein, das konnte sie nicht akzeptieren. Diesmal sollte der Urlaub optimal werden. Also setzte sie sich ins Auto und erkundete Sylt, ob sich nicht etwas Besseres fände. Sie fuhr durch Kampen und fand bald einen Parkplatz an der Straße vor den Dünen. Dort stellte sie ihr Auto ab und wanderte über einen Holzsteg Richtung Meer. Hier hatte sie nichts auszusetzen. Sie dachte, an diesem Strand werde ich meinen Urlaub verbringen. Doch zunächst bekam sie einmal einen Dämpfer. Ein junger Mann blickte ihr vertrauenerweckend aus einem Strandkorb am Steg entgegen und bat um die Kurkarte. Natürlich hatte sie eine Eintrittskarte und zeigte sie stolz vor. „Damit können Sie hier nicht an den Strand. Die ist nur für Westerland“, sagte der nette Kontrolleur. „Was?!“, rief Erna erschrocken. „Was mach ich denn jetzt?“ – „Sie können sich eine Tageskarte nehmen.“ – „Gut, dann geben Sie mir bitte eine.“ Immerhin schickte er sie nicht zurück. Am nächsten Tag würde sie schon eine Lösung finden. Dieser Strandabschnitt entsprach ihren Ansprüchen schon eher. Allerdings war es ein FKK-Strand. Hüllenlos hatte sie bis dahin noch nie gebadet. Doch daran würde sie sich schon gewöhnen. Gut, dass sie ihre Brust gepflegt und immer kalt gewaschen hatte, wie es ihre Mutter ihr stets geraten hatte. Sie war mit fünfunddreißig Jahren körperlich gut erhalten und brauchte sich nicht wegen eines Hängebusens zu genieren. Zielstrebig machte sich Erna als Nächstes auf den Weg, um einen Strandkorb zu mieten. Mit einem Blick übersah sie, dass ein gewisser Schutz für eine alleinstehende Frau von Vorteil wäre. Zwischen drei Wänden könnte sie sich langsam akklimatisieren und würde auch nicht gleich als Strandmieze, die einen reichen Playboy sucht, verdächtigt. Außerdem konnte sie ja schlecht nackt im Sand sitzen ohne jede Abschirmung. So mutig war sie dann doch noch nicht. Der Strandkorb schützt außerdem vor Wind und Regen. Immerhin ist die Nordsee nicht das Mittelmeer. Auch seine Siebensachen kann man besser darin unterbringen. Nur, es schien gar nicht so einfach zu sein, an eine Strandbehausung heranzukommen. Erna ging zum Rettungsschwimmerwagen und fragte, ob sie dort einen Strandkorb mieten könne. Ein großer Blonder antwortete: „Wir geben nie Körbe. Sie müssen den Mann mit der weißen Mütze fragen.“ Doch wo war der? Als Erna ihn endlich aufgetrieben hatte, sagte sie mit normaler Stimme: „Ich hätte gern einen Strandkorb.“ Der Mann reagierte nicht und ging einfach an ihr vorbei. Nanu, dachte sie, der ist wohl schwerhörig, da muss ich etwas lauter reden. Ein Paar, das ebenfalls auf den Strandkorbvermieter wartete, sagte zu ihr: „Er ist ständig unterwegs. Sie müssen ihm einfach hinterherlaufen.“ Erna lachte laut auf und, oh Wunder, der wichtige Herr drehte sich um und sagte: „Ich dachte, Sie haben nur die Lippen bewegt.“ Erna hatte ihn aber vielmehr in Verdacht, dass er glaubte, sie sei ein kleines naives Mädchen, das auch mal nackt mit Deutschlands Prominenz baden wollte. Scheinbar revidierte er dann jedoch seine Meinung und geruhte, ihr einen Strandkorb zuzuweisen, gegen Bezahlung und Vorzeigen der Kurkarte natürlich. Darin saß jedoch schon jemand, und außerdem stand er gleich neben dem Rettungsschwimmerwagen, was Erna nicht zusagte. Sie hatte nicht vor, sich gleich mit der erstbesten Lösung zufriedenzugeben. Der Korbvermieter fragte: „Haben Sie Angst vor Männern?“, gab ihr jedoch einen Korb in einer schöneren Umgebung. Dort gefiel es ihr, und sie begann langsam mit der stufenweisen Entblätterung. Am Morgen legte sie zuerst das Bikinioberteil ab. Kurze Zeit später schaute der Strandkorbverteiler unauffällig-auffällig vorbei. Er schien sie zu beobachten, wie sie sich verhielt. Ihr war es egal, und sie genoss die Sonne auf der blanken Brust, eine ganz neue Erfahrung. In den 70er Jahren war man ja normalerweise noch ein wenig prüde. Erna hatte keine Probleme, über ihren Schatten zu springen. Am Nachmittag zog sie auch das Unterteil aus und fühlte sich sehr wohl in ihrer Haut. Während einiger Zeit legte sie noch wie unbeabsichtigt ein Handtuch auf ihren Schoß, weil ein junger Mann ständig über den Rand seines Korbes nach hinten zu ihr herüberglotzte. Er war wohl auch neu am FKK-Strand und kannte die Spielregeln noch nicht, oder er war auf ein Abenteuer aus. Nur aufstehen und spazieren gehen oder baden im Meer, das mochte sie am ersten Tag noch nicht.

Überwindung einer Hürde

Am nächsten Morgen wollte Erna die zweite Hürde nehmen in Form einer Kurkarte für den Kampener Strand. Zuversichtlich und reinen Herzens ging sie zur Kurverwaltung. Dort teilte ihr die nette junge Frau mit, dass sie für Kampen nur eine Kurkarte erhalte, wenn sie auch hier wohne. Das war ein Schock für Erna. Sie musste wohl sehr verzweifelt ausgesehen haben. Fast kamen ihr die Tränen, weil sie ihren Maxi-Urlaub in Gefahr sah. Mit Trauer im Blick sagte sie zu der Angestellten: „Kann man da gar nichts machen?" Und siehe da, ihr Gegenüber von der Kurverwaltung hatte ein Herz und Erbarmen. Sie antwortete: „Sie können höchstens angeben, dass Sie in Kampen wohnen, und die Kopie für das Hotel einfach wegwerfen." Erna war selig und der jungen Frau dankbar, voraussichtlich bis an ihr Lebensende. In die Spalte „Hotel" schrieb sie „Hotel Rungholt" und bekam die heißbegehrte Kampener Kurkarte ausgehändigt. Ganz billig war der Spaß nicht. Immerhin hatte sie jetzt zweimal Kurtaxe bezahlt. Doch das war ihr egal.

Gleich fuhr Erna wieder zu dem Traumstrand an der sogenannten Buhne 16 (das wusste sie zu jenem Zeitpunkt noch nicht). Der Herr der Strandkörbe bot ihr erneut den Korb Nr. 663 direkt neben dem Rettungsschwimmerwagen an. Sie fragte, ob sie nicht wieder den vom Vortag haben könne, und er sagte: „Warum, gefällt Ihnen dieser denn nicht?" Prompt antwortete Erna: „Da hinten gefallen mir die Dünen besser." Der Mann schaute sie verblüfft und skeptisch an. Diese Begründung schien ihm nicht einzuleuchten. Er sagte, dass im Augenblick nur dieser Korb frei sei, und Erna blieb nichts anderes übrig, als sich damit zufriedenzugeben. Einige Tage später klärte sie jemand auf über die Sitzordnung am Kampener FKK-Strand. Je weiter man sich nach Norden fortbewege, desto „nobler“ werde die Badegesellschaft. Dort saßen Manager wie Berthold Beitz, Film- und Fernsehschaffende, Sänger wie Rudolf Schock, Verleger, Industrielle wie Gunther Sachs und wer auch immer. Erna war das gleichgültig. Alles, was sie wollte, war ein Strandkorb am schönsten Flecken des Kampener Strandes. In der Realität stand ihr höchstens ein Platz im zweiten Drittel zu. Ergeben setzte sie sich also in den Strandkorb neben dem Badekarren, wo ständig Durchgangsverkehr herrschte. Das störte sie zunächst ein wenig, weil sie schon immer lieber am ruhigen Rand saß. Die Nummer 663 allerdings war ihr sympathisch. Es waren nämlich ihre Zahlen und hatten mit ihrem Geburtsdatum zu tun. Sie sagte sich: Sicher hat es einen Sinn, dass ich diesen Korb zugeteilt bekam. Sie richtete sich häuslich ein und machte das Beste aus ihrem Stand- oder besser Sitzort. Der Korb war nicht von einer Strandburg umgeben. Alle Nachbarn hingegen hielten sich in einer tiefen Kuhle auf, sozusagen in ihrem eigenen Reich, das niemand Fremdes einfach betreten durfte. Wer Einlass begehrte, musste anklopfen und ein Handtuch mit sich führen, falls ihm ein Sitzplatz auf der plastikbezogenen Bank angeboten werden sollte. Wer sitzt schon gern mit dem nackten Po auf Plastik, wo vorher jemand anderes gesessen hat? Erna hatte keine Schaufel und hätte sowieso nicht gewusst, wie man sich richtig einbuddelte. Also saß sie ohne Schutz, den Blicken der Vorbeigehenden ausgesetzt. Den Korb drehte man immer so, dass der Wind abgehalten wurde und man möglichst viel Sonne abbekam, um schnell nahtlos braun zu werden. Dumm war nur, wenn Wind und Sonne aus der gleichen Richtung kamen. Von Ozonloch und Hautkrebs durch zu viel Sonne sprach damals niemand.

Erna spürte, dass die Rettungsschwimmer sie beobachteten. Diese schienen nicht nur die Aufgabe zu haben, Badende im Auge zu behalten und notfalls aus der Brandung vor dem Ertrinken zu retten, sondern waren auch soziale Anlaufstelle. Rudolf Schock kam zum Beispiel bescheiden im Adamskostüm, um sich eine Schaufel auszuleihen, Berthold Beitz trank jeden Tag seinen Tee oder Kaffee im Schwimmerwagen, und viele andere, von denen Erna natürlich nicht wusste, ob sie ähnlich prominent waren, schauten immer mal wieder vorbei, besonders wenn es draußen regnete und stürmte. Als Rudolf Schock um die Schaufel bat, kam ein älterer Herr, der mit seiner Frau im Nachbarkorb lag, aufgeregt zu Erna gelaufen, berührte sie am Arm und sagte: „Ist das nicht Rudolf Schock?“ Sie sah unauffällig hin und antwortete: „Tatsächlich!“ Am FKK-Strand von Kampen waren Künstler in gewisser Weise vor aufdringlichen Fans geschützt. Niemand wäre etwa auf die Idee gekommen, sich ein Autogramm zu erbitten. Die Rettungsschwimmer verjagten auch neugierige Gaffer und Spanner, die aus den Dünen auftauchten. Regelmäßige Rettungswagengäste waren mehr oder weniger verpflichtet, von Zeit zu Zeit Flaschen Hochprozentiges zu spendieren, die alle Insassen und Besucher bei schlechtem Wetter aufwärmten. Für jede Gabe wurde ein Strich an der Wand gemacht. Eine große Fläche war bereits davon bedeckt. Das fiel Erna auf, als sie am zweiten Tag ebenfalls die Ehre hatte, den Karren zum ersten Mal zu betreten. Sie lag in ihrem Korb Nr. 663, genoss die Sonnenstrahlen und hörte den ganzen Tag über ein gleichmäßig schabendes Geräusch aus dem Schwimmerwagen. Sie konnte sich nicht erklären, was die Ursache dafür sein könnte. Irgendwann schaute einer der großen, stattlichen Rettungsschwimmer aus der Tür und rief in Ernas Richtung: „Willst du auch einen Reibekuchen?“ Nun ging ihr ein Licht auf. „Du musst ihn dir aber persönlich im Wagen abholen“, fügte der blonde Hühne hinzu. Das bedeutete, Erna musste zum ersten Mal unbekleidet ihren schützenden Korb verlassen. Bis dahin war sie noch nicht aufgestanden, geschweige denn herumgelaufen. Sie gab sich einen Ruck und sprang leichtfüßig die Stufen hinauf, ganz so, als hätte sie schon als Kind mit ihren Eltern die Urlaube am FKK-Strand in Kampen verlebt. Im Wagen gab es eine Kochplatte, auf der die Kartoffelpuffer in der Pfanne brutzelten. Es roch sehr einladend, und Erna aß mit Appetit den ihr überreichten Reibekuchen. Außer den beiden Männern war noch eine junge Frau mit sehr kurzen blonden Haaren anwesend. Sie schien eine gute Freundin zu sein und war besonders zu einem der Rettungsschwimmer sehr nett. Sie kam jeden Nachmittag mit ihrem Pudel zum Strand. Während Ernas dreiwöchigem Urlaub freundeten sich die beiden Frauen an. Sie war eine waschechte Friesin. Ihre Eltern besaßen ein reetgedecktes Haus in Kampen und vermieteten Wohnungen und Zimmer. Die Tochter arbeitete im Haus und beeilte sich, alles am Morgen zu erledigen, um die Nachmittage am Strand bei ihren Freunden zu verbringen. Den Pudel musste sie in der Tasche verstecken, weil Hunde an diesem Strandabschnitt nicht zugelassen waren. Bei ihr drückte man ein Auge zu, weil sie sozusagen das Maskottchen der Rettungsschwimmer war. Ein paar Jahre später heiratete sie den, zu dem sie besonders nett war. Sie brauchte einen kräftigen, geschickten Mann, der sie bei der Führung und Instandhaltung des elterlichen Hauses unterstützte. Wolf stammte aus dem Ruhrgebiet und heiratete gern in das Friesenhaus ein, weil er sich in einem Urlaub in Sylt und schließlich in Ose verliebt hatte. Jahrelang arbeitete er im Sommer als Rettungsschwimmer in Kampen. Später wurde er Strandkorbvermieter, als der alte Herr Bleiken in Pension ging. Auch die weiße Mütze erbte er.

Im Rettungsschwimmerwagen

Erna bestand am dritten Urlaubstag ihre Feuertaufe in Rettungsschwimmerkreisen und war von da an jederzeit im 2,50 mal 2 m kleinen Badekarren willkommen. Noch lange nicht jeder wurde hereingelassen. Die Rettungsschwimmer wählten sorgfältig aus. Die Plätze auf den Holzpritschen entlang der Wände waren hochbegehrt. An kühlen Tagen saßen und standen die Menschen dichtgedrängt wie in einem überfüllten Omnibus. Nur die Stimmung war besser als in einem Transportmittel. Erna entdeckte sich selbst neu. Sie war selbst überrascht über ihre Schlagfertigkeit. Meist gelang es ihr, die ganze Wagenbesetzung zum Lachen zu bringen. Sie merkte verblüfft, dass sie plötzlich Gedanken lesen konnte. Das wurde wahrscheinlich durch die gedrängte Nähe der Menschen, die alle offen und gutgelaunt waren, gefördert. Eine verbindende, vibrierende Welle lief durch den Wagen. Alle schienen sie zu spüren und fanden sich jeden Tag immer wieder gern ein. Man fragt sich, wie die Rettungsschwimmer überhaupt noch ihre verantwortungsvolle Arbeit tun konnten. Einmal erlebte Erna mit, wie sie einen Freund retteten, der beinahe unter seinem eigenen Katamaran ertrunken wäre, weil er sich in irgendwelchen Schnüren verfangen hatte und mit dem Kopf unter Wasser hing. Erna fühlte sich sehr in ihrem Selbstbewusstsein bestätigt. Sie war an sich schon vorher nicht direkt unsicher oder mit Minderwertigkeitskomplexen behaftet gewesen, doch nach einigen schlechten Erfahrungen mit eingebildeten Studenten waren ihr manchmal Zweifel gekommen an der eigenen Bildung. Sie bereute es, bereits mit neunzehn die Schule verlassen zu haben, um ihr eigenes Geld zu verdienen und den Eltern nicht mehr auf der Tasche zu liegen. Vor Leuten, die studiert hatten, empfand sie eine gewisse scheue Hochachtung. Auf Sylt kam sie nun in Kontakt mit allen möglichen studierten, erfolgreichen Menschen, und sie stellte fest, dass sie sich durchaus nicht vor ihnen zu verstecken brauchte. Sie lernte zum Beispiel einen Oberstaatsanwalt kennen, der mit ihr in den Dünen Blaubeeren pflückte und ihr jede Menge Komplimente, aber keine Avancen machte. Er zeigte ihr stattdessen stolz Fotos von seiner Frau und kleinen Tochter. Erna dachte, der muss die Menschen doch kennen und für die Sylter Society nur ein müdes Lächeln haben. Aber nein, auch er war zu beeindrucken. Ganz stolz erzählte er ihr, dass er jeden Morgen auf seinem Gang zum Strand den berühmten Berthold Beitz treffe. Dieser unterhalte sich immer sehr nett mit ihm und habe ihm erzählt, dass er bald wieder wichtige Verhandlungen mit den Russen führen werde. Berthold Beitz war vielleicht selbst erstaunt, wie weit er es ohne Studium gebracht hatte. Ein Arzt aus Berlin, der immer sein Pferd mit nach Sylt brachte, unterhielt sich auch sehr gern mit Erna. Er besuchte sie oft im Strandkorb und bot ihr seine Hilfe beim Rückeneincremen an. Sie dachte, ein Arzt ist es ja beruflich gewöhnt, fremde Körper zu berühren. Mehr gestattete sie ihm jedoch nicht. Allerdings gab es auch arrogante Zeitgenossen am Kampener FKK-Strand. Einmal fing Erna folgende Gesprächsfetzen aus der Strandkorbnachbarschaft auf: „Ich wähle in keinem Fall SPD. Brandt kann ich nicht ausstehen. Der bildet sich ein, durch einen Kniefall in ein paar Wochen das zu erreichen, was Adenauer in x Jahren nicht geschafft hat. Die Wirtschaft geht immer mehr zurück. Am Ende kann man dann nicht mehr außer nach Kampen auch noch nach Capri fahren."

Ein andermal wurde Erna Zeugin eines Spruchs eines etwa zehnjährigen Jungen. Er sagte zu seiner Mutter, die mit einem Herrn flirtete, der offenbar nicht sein Vater war: „Mami, wenn der Mann jetzt nicht geht, knall ich ihm eine vorn Latz!" Kinder reicher Leute sind manchmal ganz schön kess, dachte Erna.

Erna beobachtete, dass sich Nacktbadende im Allgemeinen recht natürlich und ungezwungen bewegen. Ein wenig lustig sah es nur aus, wenn sie bei kühlem Wetter mit Pullover und unbedecktem Unterkörper herumliefen. Doch Erna gewöhnte sich schnell an den Anblick. Als sie mit einem Mann darüber sprach, dass eigentlich wenig geflirtet werde am FKK-Strand, antwortete er: „Das wäre doch ein bisschen zu viel verlangt von der Selbstbeherrschung eines Mannes." Für Frauen ist es halt einfacher, dachte sie. Auch ältere Menschen hatten keine Hemmungen, sich auszuziehen und herumzulaufen. Wahrscheinlich haben sie ihr Leben lang in Kampen ihre Urlaube verbracht und wollen auch im Alter nicht auf dieses freie, angenehme Körpergefühl verzichten. Kinder, die von klein auf daran gewöhnt sind, ihre Eltern nackt am Strand zu sehen, finden das ebenfalls völlig normal. Nur einmal wunderte sich Erna über ein Ehepaar mit kleiner Tochter.

Sie lagen ohne Korb hinter dem Strand, da wo die Dünen beginnen, neben dem Fußpfad. Sie waren wahrscheinlich aus Neugier mit einer Tageskarte gekommen, um auch einmal das textilfreie Baden auszuprobieren. Gerade als Erna vorbeiging, sagte die Frau zur Tochter: „Fass dich da unten nicht an!“ Das arme Mädchen saß ohne Unterlage und wollte sich doch nur den Sand vom Popo abwischen.

Das süße Leben von Kampen

Am späten Nachmittag leerte sich der Strand meist schlagartig. Erna wunderte sich darüber, besonders wenn die Sonne noch schien. Alle strebten mit unternehmungslustiger, geschäftiger Miene über die Stege zum Parkplatz. Unterwegs legten sie manchmal einen kurzen Stopp ein, um die während Stunden gesammelte Flüssigkeit in der Strandtoilette zu lassen oder schnell noch zu duschen. Irgendwann verließ Erna ebenfalls den Strand zu für sie ungewohnt früher Stunde, um herauszufinden, was ihre Miturlauber so Wichtiges lange vor dem Abendessen vom Strand trieb. Viele Autos fuhren direkt zur Straße, wo die berühmtesten Lokale lagen. Bei schönem Wetter suchte man sich gern einen Platz draußen im Gogärtchen. Erna ließ sich auch dort nieder und beobachtete, wie manche Herren zielstrebig mit wichtiger Miene eintraten und sich nach allen Seiten umsahen, ob kein Bekannter ohne Gesellschaft da war. Wenn dies nicht der Fall war, sagten sie zu einem entfernten Bekannten: „Hast du Stups oder Fips nicht gesehen?" Jeder schien einen ähnlichen Spitznamen zu haben. Falls dies verneint wurde, tranken sie schnell etwas an der Bar und steuerten das nächste Lokal an, das gerade in Mode war. Sehr beliebt war auch das „Karlchen". Dort hingen immer ganze Trauben von Menschen an der Theke. Man gab sich gern den Anschein, viele Freunde zu haben und alle Welt zu kennen. Manche aßen am Spätnachmittag gern ein Stück Kuchen bei „Manne Pahl". Besonders der Pflaumenkuchen war berühmt. Dort konnte man die Hexe von Kampen sehen. Die alte Tänzerin und Schauspielerin, die das

Nachtlokal „Ziegenstall“ besaß, erschien jeden Nachmittag mit einem hübschen jungen Transvestiten. Abends trat er nackt als perfekte Frau im Ziegenstall auf. Ein anderes berühmtes Lokal war die „Kupferkanne“ auf der Wattseite, wo man auch draußen sitzen und Kaffee trinken konnte. Wenn man zu lange am Strand verweilte, waren die besten Plätze in den diversen Lokalen besetzt. Deshalb hatte man es so eilig. Erna fand all diese In-Treffs ziemlich teuer und nicht übermäßig interessant, deshalb zog sie es vor, abends lang am Strand zu bleiben. Meist zockelte sie als Letzte über den Holzsteg zum Parkplatz. Manchmal ließ sie auch ihr Auto in Kampen stehen und lief am Meer entlang bis zu ihrem Strandkorb. Das dauerte rund eine halbe Stunde. Nur einmal bescherte ihr diese Gewohnheit ein unangenehmes Erlebnis. Nach einem herrlichen Tag wie aus dem Bilderbuch wanderte sie verzückt wie in Trance, voller Liebe für alle Menschen am Wasser entlang Richtung Kampen. Sie schien völlig allein zu sein am Strand. Die andern waren längst im Gogärtchen, bei Karlchen, im Pony oder wo auch immer. Plötzlich tauchte wie aus dem Nichts ein bieder aussehender Mann hinter ihr auf. Er überholte sie und sagte irgendetwas Belangloses. Erna antwortete freundlich. Er ging weiter und blieb kurz vor ihr plötzlich stehen. Erna dachte sich nichts weiter dabei und ging zügig an ihm vorbei. Ein kurzer Seitenblick ließ ihren Atem stocken. Er präsentierte sich in all seiner männlichen Pracht mit einem befriedigten Gesichtsausdruck. Erna machte sich nun so schnell sie konnte aus dem Staub, damit der freizügige Mann sie nicht mehr einholte. Er musste etwas missverstanden und gedacht haben, am FKK-Strand dürfe man das. Dies war die einzige schlechte Erfahrung, die Erna während all ihrer Sylturlaube machte. Sie ließ sich aber nicht weiter verunsichern und blieb trotzdem abends lang am Strand, auch wenn weit und breit niemand mehr zu sehen war.

Der launische Rettungsschwimmer

An dem Tag, als Erna zum ersten Mal den Rettungsschwimmerwagen betrat, fiel ihr Boris auf, der große blonde Rettungsschwimmer. Er strich mit liebevoller Sorgfalt viel Apfelmus auf den Reibekuchen, den er Erna mit herzlichem Lächeln überreichte. Die Knie wurden ihr weich, und ein warmes Gefühl für den jungen Mann strömte durch ihren Körper ins Herz bis hinauf zum Kopf. Eine andere junge Dame, die ebenfalls einen Kartoffelpuffer in Empfang nahm, fragte ihn: „Sind Sie schon verheiratet? Ein Mann, der so gut kochen kann, fehlt mir noch." Boris antwortete: „Nein, noch nicht." Und Erna gefiel es, dass er noch nicht vergeben war. Allerdings schien sie nicht die Einzige zu sein, die Boris anziehend fand.

Wenn Erna morgens am Strand erschien, hielt sie verstohlen Ausschau nach Boris. Er gefiel ihr jeden Tag mehr, und sie verliebte sich irgendwie in ihn. Sein Verhalten war jedoch widersprüchlich. Einmal war er herzlich und gab ihr winzige Zeichen seiner Zuneigung, und ein andermal war er brummig und abweisend bis verletzend. Einerseits wirkte er selbstbewusst und stark, andererseits machte er einen verstörten Eindruck auf Erna. Einmal sagte er zu ihr: „Da stehst du machtlos vis-à-vis", und sie konnte sich keinen Reim darauf machen. Wenn Boris sie mit seinen klaren blauen Augen ansah, hatte sie ein Gefühl, als sehe er ihr auf den Grund ihrer Seele, und ein elektrischer Strom ging dabei durch ihren Körper bis in die Zehenspitzen, so dass sie zitterte. Eines Tages fiel ihr im Schwimmerwagen deshalb ein Glas, aus dem sie gerade trank, zu Boden. Sie wunderte sich, dass ihr sowas mit fünfunddreißig noch geschah.

Immer wieder wurde Erna gefragt, warum sie ausgerechnet in Kampen Urlaub mache. Sie antwortete der Wahrheit entsprechend, dass sie die Strände im Süden satthatte und den schönsten Strand in Deutschland gesucht und gefunden habe. Sie wolle sich gut erholen und ab und zu mit ein paar netten Menschen am Strand unterhalten. Ihre Antwort schien jedoch nicht ganz zu überzeugen. Auch Boris blickte sie leicht ungläubig an. Erna wusste nicht warum. Was stellten sich die Leute denn vor? Erst gegen Ende des Urlaubs wurde ihr klar, dass jede alleinstehende junge Frau, die nicht ausgesprochen hässlich war, verdächtigt wurde, es auf einen reichen Mann abgesehen zu haben. Erna war sehr naiv gewesen, als sie nach Sylt gekommen war und sich für den Kampener Strand entschieden hatte, weil er ihr am besten gefiel. Natürlich machte sie auch ihre Beobachtungen und sah manchmal ältere Männer bildhübsche junge Mädchen an der Hand durch die Dünen führen. So schön, um kommerziellen Gewinn daraus zu ziehen, fand sich Erna nicht. Außerdem hatte sie den Traum von der großen Liebe. Dicke, alte Männer mit Bauch gefielen ihr damals nicht. Oft wurde von den jungen Mädchen gesprochen, die mit einer Pappschachtel anreisten und mit großen Koffern voller Kleider die Insel wieder verließen. Das hatte Erna nicht nötig. Schließlich war sie im eigenen Auto da, immer schick angezogen, und sie wohnte im besten Hotel von Westerland. Das gefiel Boris jedoch auch wieder nicht. Er regte sich regelrecht darüber auf, dass sie in einem so teuren Hotel wohnte. Wahrscheinlich hielt er sie für eine Verschwenderin. Sie sah jedoch nicht ein, dass sie im Urlaub primitiver als zuhause leben sollte. In einer einfachen Pension hätte sie kein eigenes Bad gehabt. Zu Boris sagte sie: „Das passt dir wohl nicht.“ Er wird doch kein Geizhals sein, dachte sie bestürzt. Bei aller Liebe war Erna nie unterwürfig und angepasst. Sie äußerte ihre Meinung den Männern gegenüber immer frei heraus.

Strandleben

Erna schrieb in ihr Tagebuch: „Heute war ein herrlicher Tag, einer der vielen schönen Tage, die ich hier verleben durfte und hoffentlich noch erleben darf. Morgens sah es zuerst nach Regen aus, doch als ich zum Strand kam, löste sich die Wolkendecke bereits auf. Am Nachmittag schien die Sonne wieder. Nur ein paar weiße flockige Wolken huschten ab und zu über mich hinweg. Der Wind war allerdings ziemlich heftig heute, und die Brandung schlug hoch. Die Flut kam bis zu den ersten Strandkörben. Das habe ich noch nicht erlebt. Die Menschen sprangen übermütig gegen die Wellen an und wurden, wenn sie nicht aufpassten, leicht umgerissen. Ich sah mir das Ganze zunächst einmal aus sicherer Entfernung an. Aber plötzlich packte auch mich die Lust, von den Naturgewalten umtost zu werden. Ein freundlicher Nachbar gab mir die Hand, damit ich nicht gleich umgeworfen wurde. Ich schrie wohl laut und hatte alle Mühe, auf den Beinen zu bleiben, aber ich fühlte mich glücklich. Für eine Binnenländerin ist das schon etwas Besonderes. Die Rettungsschwimmer mussten sich anstrengen, um ihre Schäfchen zusammenzuhalten. Immer wieder ertönte das Warnsignal der Trompete. Ein roter Ball wurde hochgezogen, der anzeigt, dass das Baden gefährlich ist. Anschließend ruhte ich mich im Windschatten meines Korbes aus und träumte vor mich hin, während der Korb durch den starken Wind vibrierte. Heute Abend liege ich zufrieden im Bett, weil ich wieder um ein schönes Erlebnis reicher bin."

Allzu viel Liebeskummer wegen Boris schien Erna nicht zu haben. Boris hatte einen Spruch, den er immer mal wieder aufsagte, und zwar: „Das Strandleben ist hart."

Ein paar Tage nach Ernas Ankunft wurde im Schwimmerwagen von einer bevorstehenden Strandparty gesprochen. Sie konnte noch nicht recht abschätzen, ob sie ebenfalls dabei willkommen sein würde, bis Wolf, der zweite Rettungsschwimmer, seine Freundin Ose und ein paar andere sie fragten, ob sie auch mitmache. Natürlich wollte sie das. Als sogar Boris dann wie nebenbei fragte, ob sie ebenfalls komme, war ihre Freude groß. Bevor die Fete losging, wurde ein großes Loch im Sand gegraben, um darin ein Lagerfeuer zu entfachen. Dazu benötigte man Zweige und Äste. Alle suchten eifrig in den Dünen nach Brennmaterial, auch Erna. Im Dunkeln stand plötzlich Boris vor ihr. Er legte seine schweren Arme um sie und drückte einen ziemlich scheuen, faden Kuss auf ihre Lippen. Sie wollte nicht gleich wie eine Strandmieze dieser ersten Annäherung nachgeben, um sozusagen ihren guten Ruf zu wahren. Schließlich hatte sie vor, noch viele Urlaube am Kampener Strand zu verleben. An einem kurzen Abenteuer war sie nicht interessiert. Deshalb stieß sie Boris sofort weg und nahm etwas später bei seinem zweiten Versuch sogar ihre Tasche zuhilfe. Er sagte: „Du bist ja eine Freche!" Als die Flammen zum nächtlichen Himmel aufstiegen, stellten Wolf und Boris mehrere Strandkörbe im Halbkreis davor. Jeder hatte Flaschen dabei, und auch Erna becherte lustig mit. Immer wieder sah sie zum rötlich schimmernden Vollmond hinauf. Ihr wurde ganz anders in der Magengegend. Ihre Hoffnung, Boris setze sich zu ihr in den Korb, erfüllte sich leider nicht. Scheinbar war er fürs Erste abgeschreckt, oder er wollte nicht vor allen Freunden offiziell etwas mit ihr anfangen. Sie war sich nicht im Klaren, wie es sich wirklich verhielt. Ein anderer Mann ergriff die Gelegenheit, den freien Platz neben Erna zu besetzen. Er entpuppte sich als unwillkommener Streichler, und sie hatte Not, ihn sich vom Leib zu halten. Diese Störung beeinträchtigte ein wenig ihre romantische Stimmung. Ose saß im Korb neben Erna. Die beiden Frauen unterhielten sich und stellten fest, dass sie sich mochten. Daraus entwickelte sich eine jahrelange Freundschaft.

Am darauffolgenden Tag ging Erna zum Strand und war gespannt, wie es nun mit Boris und ihr weitergehen würde. Nichts geschah. Sie verbrachte wie vorher täglich einige Zeit im Schwimmerwagen. Es wurde viel gelacht und gescherzt. Ose, die immer da war, fragte sie: „Weißt du, warum die Friesen meist Rollkragenpullover tragen?“, und wurde gleich aufgeklärt: „Damit man das Gewinde der Holzköpfe nicht so sieht.“ Erna lachte und freute sich des Lebens, obwohl ihre Sehnsucht nach Liebe keine Erwiderung fand. Jeden kleinen Freundlichkeitsbeweis von Boris trank sie wie Nektar und war dankbar für alles. Manchmal erwähnte er in ihrer Anwesenheit irgendein Mädchen aus Frankfurt, das er seine Ex-Freundin nannte, und dass man sich am Telefon auf die Entfernung auch zu leicht missverstehe. Vielleicht war er ihr gegenüber so zurückhaltend geworden, weil sie noch weiter weg zuhause war. Als sie ihn einmal vorsichtig fragte, warum er denn auf einmal so komisch sei, antwortete er: „Das ist mein Problem.“ Daraufhin hielt sie sich zurück. Schließlich hatte sie auch ihren Stolz und lief keinem Mann nach. Trotzdem spürte sie immer wieder, dass seine Gleichgültigkeit nicht ganz echt war. Jedenfalls bildete sie sich das ein. Manchmal sah er sie wie zufällig verstohlen an oder reichte ihr die Hand beim Heruntersteigen vom Schwimmerwagen. All dies nahm sie als Indiz, dass er sie doch gernhatte. Dann wieder schloss er beim schönsten Sonnenschein ostentativ die Wagentür und saß in der brütenden Hitze. Die andern wunderten sich darüber. Erna konnte von ihrem Strandkorb aus in den Wagen schauen. Hatte er keine Lust, ständig von ihr beobachtet zu werden? Sie wusste nicht, was sie denken sollte.

Manchmal schäkerte er mit andern Mädchen, fasste sie um die Taille und verabredete sich in Ernas Beisein für abends mit ihnen. Sie ließ sich ihre Enttäuschung nicht anmerken und scherzte tapfer weiter, als ob nichts wäre. Es kam ihr so vor, als hätten die Freunde gemerkt, dass etwas zwischen Boris und ihr lief. Doch niemand sagte ein Wort.

Leidenschaft entwickelte Boris beim Essen. Er kochte oft im Schwimmerwagen. Einmal sagte er etwas von Liebe, die durch den Magen gehe. Erna hatte prompt den Verdacht, dass er ihren Kochkünsten nicht traute. Als sie erzählte, dass sie stricken konnte, zeigte er auffallend viel

Interesse. Diese Kunst gehört wohl auch zu den Fähigkeiten einer guten Haus- und Ehefrau, dachte Erna. Sie stellte sich vor, wenn er nett zu mir ist, stricke ich ihm zu Weihnachten einen Pullover. Dann hätte sie allerdings lang stricken müssen. Boris war nicht gerade zierlich. Ja, man hätte sagen können, dass er eher vierschrötig war. Bis dahin hatte Erna nie für solch große, kräftige Männer geschwärmt. Mit ihren 1,60 m und höchstens 50 kg Gewicht war sie neben ihm ein Mäuschen. Er war sicher 1,90 m groß. Auffallend waren seine schweren Füße. Für seinen Job als Rettungsschwimmer und Korbträger war er allerdings ideal gebaut. Mit Leichtigkeit konnte er einen Strandkorb auf den Rücken wuchten und damit wie eine Riesenschildkröte durch den Sand watscheln. Was Erna an ihm gefiel, war der Gegensatz seiner robusten und seiner empfindsamen Seite. Richtig schlank war er auch nicht. Eigentlich hatten es ihr seine Augen angetan.

An einem Tag saßen alle einschließlich Erna im Rettungsschwimmerwagen. Boris war ziemlich nett zu ihr, und man amüsierte sich gut. Boris saß auf dem Tisch und Erna vor ihm auf einem Stuhl. Sie neckten sich gegenseitig. Boris griff ihre Füße und ließ sie zum Spaß aus dem Fenster hängen. Wieder oben schlug sie ihm leicht ans Bein und traf ausgerechnet eine noch nicht ganz verheilte Wunde. Er rief „Aua!“ und Erna streichelte sie ganz vorsichtig, um es wiedergutzumachen. Lilo, eine Berlinerin, die zum Freundeskreis gehörte, sagte: „Guck mal, wie zärtlich sie das macht!“ Das war aber schon wieder das Ende der Zärtlichkeiten.

Abends auf dem Brettersteg zum Parkplatz rannte Boris wieder wie ein Windhund vor Erna her, als hätte sie eine ansteckende Krankheit. Hinter ihr kamen Ose und Wolf Hand in Hand. Das hätte ihr auch gefallen. Als Boris schon am Auto stand, rief sie ihm von weitem zu: „Mich hat wieder mal niemand beschützt. Das muss ich immer selber tun.“ Boris antwortete: „Warum bist du nicht schneller gelaufen?“ Zum Ausgleich zeigte er sich am nächsten Tag um ihre Erholung besorgt und schickte sie mit Lilo und Acki, ihrem Mann, auf einen Spaziergang am Meer entlang. Es kann aber auch sein, dass er nicht immer in ihrem Blickfeld sitzen wollte.

Ein Lokalbesitzer aus Dortmund, der mit dem Katamaran, gehörte ebenfalls zur Kommune 1. So hatte Ose die Gruppe, die sich regelmäßig im Schwimmerwagen einfand, getauft. Er hieß Jürgen, wurde aber nur „Rübe“ genannt. Sein Dackel hieß so, und den trug er immer im Rucksack zum Strand, wegen des bereits erwähnten Hundeverbots. Meist lag er mit Rübe irgendwo in den Dünen und kam nur zum Schwimmen an den Strand, während der Hund auf die Kleider aufpasste. Mit dem Dackel im Rucksack auf dem Rücken flitzte Jürgen unheimlich schnell barfuß über den Holzsteg der Dünen. Erna fragte sich, ob er nicht öfter Splitter in den Füßen hatte. Abends machte er die Runde durch sämtliche Lokale in Begleitung von Rübe. Einmal suchte er verzweifelt das sonst so anhängliche Tier. Als er die Suche aufgab und etwas traurig die nächste Kneipe ansteuerte, war

Rübe bereits da. Er kannte genau die Reihenfolge der Lokale und war schon vorgegangen.
Jürgen, alias Rübe, war auch ein begnadeter Kartoffelschäler. Fast täglich sah Erna ihn draußen neben der Treppe zum Schwimmerwagen sitzen und Kartoffeln schälen für die ganze Mannschaft. Am Ende sahen sie aus wie mit Sand paniert. Er wusch sie dann zuerst im Meer, und anschließend kam die Feinwäsche in Süßwasser, das man mühsam und ungern in Kanistern herbeischleppen musste. Auf die gleiche Weise wusch er Salat. Alles sah zum Schluss aber ziemlich appetitlich aus. Auf Sylt wohnte Rübe bei den Eltern seines Freundes Uwe. Uwe ging nicht so gern zum Strand oder gar ins Meer, besonders wenn er einen Sonnenbrand hatte. Die helle Friesenhaut verbrennt ja so leicht. Als echter Friese hat man es auch nicht nötig, sich an diesem unwirtlichen Ufer aufzuhalten. Viel gemütlicher war es dann doch abends im „Pony" oder bei „Renate". Ausgerechnet ihn schleppte Rübe bei Sturm an den Strand, als Strandkörbe geborgen werden mussten. Im Badekarren machte er sich fast unsichtbar. Solche Angst hatte er, helfen zu müssen. Doch es nützte nichts, als guter Kamerad konnte er sich unmöglich drücken. Die Rettungsschwimmer und ihre kräftigen Freunde arbeiteten wie die Berserker. Erna und die andern Frauen saßen währenddessen im schützenden Wagen und warfen bewundernde Blicke hinaus zu den starken Männern. Das Wasser stieg höher und höher. Schließlich war der Wagen ganz vom Meer umzingelt. Erna fühlte sich etwas mulmig. Sie hatte die Befürchtung, dass plötzlich eine hohe Welle den Karren samt Inhalt ver-

schlingen könnte. Ose, das Friesenkind, blieb jedoch ruhig, und Erna sagte zu ihr: „Ich verlasse mich ganz auf dich. Du musst ja wissen, wann es gefährlich wird." Und Ose antwortete: „Ihr braucht keine Angst zu haben, ich kenne mich hier aus."
Lilo heiterte alle mit ihrem Lieblingswitz auf: „Ein Schutzmann steht an der Kreuzung und regelt den Verkehr. Ein kleiner Junge sieht ihm schon eine ganze Weile zu. Das fällt dem Schutzmann auf, und er fragt: ‚Na, Kleiner, du willst wohl auch mal Polizist werden?' Da antwortet der Bengel: ‚Nein, aber mein Bruder, die faule Sau.' " Zugegeben, manchmal ging es ein bisschen deftig zu im „Adler III". So hieß der Wagen. Später stellten Lilo und Ose jeweils ihre Brüder, die zu Besuch kamen, folgendermaßen vor: „Das ist mein Bruder, die faule Sau." Alle lachten sich halb tot über die erstaunten Gesichter der Brüder. Es tat so richtig gut, sich mal wieder wie Teenager über die blödesten Witze und Sprüche auszuschütten. Das entspannte und machte erneut fit für die harte Alltags- und Arbeitswelt. Lilo und Acki hatten eine Parfümerie am Ku'damm in Berlin.

Am Abend, nachdem alle Strandkörbe sicher in die Dünen gehievt worden waren, trugen die Rettungsschwimmer auch die Frauen vom Wagen ins Trockene. Da Erna lange Hosen anhatte, die sie nicht nass machen wollte, fragte sie: „Wer trägt mich?" Boris antwortete: „Und wenn noch ein Stück Haut bloß ist?" Daraufhin bat Erna Wolf, sie zu schultern. Boris sollte nicht denken, dass sie diese Gelegenheit nutzen wollte, seine starken Arme um ihren Körper zu spüren.

Ein anderer regelmäßiger Gast im Wagen war Ruth. Sie war eine hübsche Frau, hatte aber leider eine Hälfte des Gesichtes mit einer Art rotem Besenreiser überzogen. Sie dachte darüber nach, wie sie diesen Schönheitsfehler entfernen lassen könnte. Erna konnte Ruth gut leiden und hoffte für sie, dass es ohne Komplikationen gelingen würde. Auch Ruth war sehr herzlich zu Erna. Aus den Andeutungen der Freunde schloss Erna, dass Ruth eine wohlhabende Frau war. Den Urlaub verbrachte sie ebenfalls allein, wie Erna. Ihr Partner oder Mann musste scheinbar arbeiten. Mehrmals sagte sie zu Erna, dass sie sie gern mal nach Hause einladen möchte, um ihre Augen zu schminken. Erna sagte nämlich irgendwann, dass sie noch nie Lidschatten benutzt hätte, nur Lidstrich. Ruth dachte vielleicht, dass Erna durch Augen-Make-up mehr aus sich machen könnte. Der Besuch bei Ruth ergab sich jedoch nicht mehr. Drei Wochen Urlaub sind halt schnell vorbei.

Manchmal kam es Erna so vor, als wolle Boris sie durch schlechtes, rüpelhaftes Benehmen abschrecken. Einmal, abends, als keine Badegäste mehr am Strand waren, ging er nach draußen und pinkelte vor den Augen der Freunde in die benachbarte Strandburg. Jemand im Wagen sagte zu Erna: „Stößt dich das nicht ab?“ Doch sie war überhaupt nicht schockiert und verneinte. Daraufhin sagte

Ruth: „Dem Reinen ist alles rein.“ Erna fand das sehr lieb von Ruth.

Jeder Tag im Badekarren war wieder anders als der vorhergehende. Als nach vierzehn Tagen Sonnenschein der Sturm aufkam, gefiel es Erna fast noch besser am Strand. Die Freunde der Rettungsschwimmer waren überhaupt die Einzigen, die sich noch an den Strand trauten. Der alte Parkplatzwächter schüttelte nur verwundert den Kopf, wenn Erna sich beim schlimmsten Wetter immer wieder über die Dünen kämpfte. Er staunte, dass sie dafür extra von Luxemburg hergekommen war. Er half ihr immer sehr hilfsbereit in den Mantel.

Der Zahnklempner

Eines Tages erfuhr Erna zufällig, welchen Beruf Boris normalerweise ausübte. Er erzählte einem Badegast, dass er Zahnarzt sei, und Erna wurde Zeugin dieses Gesprächs. Ein paar Tage später fragte sie ihn harmlos, ob es normal sei, wenn man keine Weisheitszähne bekomme, so wie sie. Er gab keine Antwort, und Erna dachte, heute hat er wieder seinen unfreundlichen Tag. Dann ging ihr ein Licht auf. Sollte er glauben, sie sei nach Kampen angereist, um sich einen gut verdienenden Herrn Doktor zu angeln? Er hatte schon vorher einmal eine dahingehende Bemerkung gemacht über die Mädchen, die in Kampen nach einem Prinzen Ausschau halten. Er schien sich also für einen solchen zu halten. Kurze Zeit später las sie in einer Zeitschrift, was ein Fabrikantensohn von sich gegeben hatte, nämlich: „Es ist heuer so viel Gemüse in Kampen. Da kommen irgendwelche kleinen Mädchen, die glauben, sie könnten sich einen reichen Mann angeln, und wollen gleich heiraten. Das haben wir nicht so gern. Was wir brauchen, sind schicke Wanderpokale!“ Diesem Söhnchen hätte Erna gern einen Wanderpokal auf dem Kopf zertrümmert. Eigentlich hatte sie nicht gedacht, dass Boris auch so arrogant und eingebildet war. Trotzdem hatte sie ihn immer noch irgendwie gern.

Nach ein paar Tagen fragte Erna Boris ein zweites Mal nach seiner Meinung über Weisheitszähne. Er geruhte zu antworten, fragte aber zuerst: „Woher weißt du denn, dass ich Zahnarzt bin?“ Sie entgegnete: „Wenn du nicht willst, dass es bekannt wird, darfst du auch nicht laut darüber reden, so dass jeder es hören kann." Daraufhin murmelte er etwas wie: „Ich sage es ja nur, wenn mich jemand danach fragt." Eine Erklärung auf ihre Frage hinsichtlich der Weisheitszähne gab er ihr wieder nicht. Vielleicht hatte er das nicht auf der Universität gelernt. Erna ließ sich nicht verdrießen, und ihre Gefühle für den launischen Zahnklempner mit Nebenberuf Rettungsschwimmer kühlten seltsamerweise immer noch nicht ab. Dafür wurde sie von ihrer neuen Freundin Ose akzeptiert. Sie sagte nämlich vor versammelter Mannschaft zu ihr: „Du passt zu uns", worüber sich Erna freute.

Inzwischen hatte Erna ebenfalls einen guten Kontakt zum Strandkorbvermieter, Herrn Bleiken. Er frühstückte jeden Morgen im Schwimmerwagen und trank auch gern mal ein Schnäpschen zum Aufwärmen. Als man ihm die 65 Striche an der Wand zeigte und sagte, dass jeder Strich eine Flasche bedeute, schaute er etwas ungläubig. Herr Bleiken redete nicht viel unnütz. Er war eine Persönlichkeit und Ur-Kampener. Jeder hatte Respekt vor ihm. Erna hatte das Gefühl, als durchschaue er die Menschen und lasse sich nicht von Industriellensöhnchen beeindrucken. Er schien Erna nicht zu verdächtigen, auf Männerfang aus zu sein. Beide konnten sich gut leiden. Die Tatsache, dass er ihr gleich einen der heißbegehrten Strandkörbe zur Verfügung stellte, war schon fast ein kleines Wunder. Er verzieh ihr sogar, dass sie durch eine Lüge an die Kurkarte und somit an einen Strandkorb gekommen war. Die Körbe wurden normalerweise für die Gäste, die in Kampen wohnten, reserviert. Angeblich bettelten sogar reiche Leute in der Hochsaison oft vergeblich um einen Strandkorb.

Erna hätte so gern ein paar Missverständnisse aus dem Weg geräumt. Da Boris ihr jedoch keine Gelegenheit zu einem richtigen Gespräch gab, hatte sie die Idee aufzuschreiben, was sie in Kampen bis dahin erlebt hatte und was ihr auf der Seele lag. Also saß sie ungefähr ab dem zwölften Tag ihres Aufenthaltes in Kampen schreibend im Strandkorb. Sie erzählte, wie sie nach Sylt gekommen war und die Schwierigkeiten, den richtigen Badestrand zu erobern, überwunden hatte. Außerdem machte sie sich ein wenig lustig über die sogenannte Sylter Society. Doch immer wieder kam sie auf ihre Liebe zu dieser Insel zu sprechen, etwa darauf, dass sie auf einer Autofahrt bis zur äußersten Spitze beim Anblick der Dünen weinen musste. Tränen waren bei Erna nämlich das sicherste Zeichen dafür, wie sehr sie von einer Landschaft angerührt wurde. Ähnlich erging es ihr mit Musik oder beim Anschauen bildender Kunst. Sie ließ sich in ihrem Urteil ungern von Kritiken anderer beeinflussen. Lieber verließ sie sich auf ihre eigene spontane Intuition. Sentimentale Schnulzen und süßliche Darstellungen riefen keine Tränen bei ihr hervor.

Frei und glücklich

Auf Sylt wurde Erna bewusst, dass sie im Grunde frei und glücklich war. Sie drückte das so aus: „Hier in Kampen wird mir auch wieder einmal so richtig bewusst, wie herrlich frei ich doch bin. Ich muss nicht das entzückende, verwöhnte Töchterlein spielen, brauche keinem bereits leicht angeschlagenen Mann mit List und Tücke das Geld aus der Tasche zu ziehen, bin nicht dazu verpflichtet, einflussreiche sogenannte Freunde herzlich zu begrüßen und einzuladen, muss nicht als Fotomodell immer an meine Schönheit denken, für die ein kleiner Sonnenbrand oder ein paar Augenfältchen mehr bereits eine Katastrophe bedeuten. Ich brauche keine Kinderschar zu hüten, muss keinen langweiligen Gatten ertragen usw. usf. Ich darf vielmehr ganz nach Lust und Laune mit Leuten sprechen, die ich mag. Ich kann mich in der Sonne räkeln, ohne Angst zu haben, später in irgendeiner Klatschspalte unvorteilhaft zu erscheinen. Ich darf so lange schlafen, wie es mir passt. Und ich brauche keine Rechenschaft über das ausgegebene Geld abzulegen, auch wenn es mein letztes ist. Häufig sind ja reiche Männer die größten Geizkragen. Wenn sie in ihre Frau investieren, tun sie das oft nur fürs eigene Image. Mein verdientes Geld reicht aus, um meinen Ansprüchen zu genügen. Ich kann mir sogar das beste Hotel von Westerland leisten, weil ich mein Bad nicht gern mit andern teile und abends ein gutes Essen serviert bekommen möchte. Keiner will mir so recht abnehmen, dass ich keine Hintergedanken hatte, als ich mich für den Kampener Strand bei Buhne 16 entschied. Einige scheinen zu glauben, ich wolle einen wohlhabenden Knacker an Land ziehen. Da kann ich nur lachen. Wenn mit der Liebe im Augenblick nicht alles so ganz im Lot ist, so wird sich das noch geben. Denn glückliche Menschen finden auch die wahre Liebe. Das ist von Gott so geregelt."

Erna hatte ein Gefühl, als hätte sie in Kampen ihre verlorene Kindheit wiedergefunden. Sie fühlte sich wieder so unbeschwert und unbefangen wie in ihren ersten Kinderjahren. Daran änderte nicht einmal das unberechenbare Verhalten ihres Rettungsschwimmer-Schwarms etwas. Der schien davon überzeugt zu sein, dass jede kleine Sekretärin sich die Finger nach einem Zahnarzt leckt. Deshalb nahm er ihr übel, dass sie unbeabsichtigt von seinem Berufsgeheimnis erfahren hatte. Erna dachte, dann ist es noch interessanter, als Sekretärin bei der EG zu arbeiten. Jedenfalls hätte ich keine Lust, für Geld den Atem von Leuten zu riechen, die mir nicht nahestehen, sondern nahe liegen.

Unerwartetes Interesse

Die schreibende Erna erregte irgendwie erneut Aufmerksamkeit. Ose fragte: „Was schreibst du denn da?“ Und Erna antwortete: „Meine Memoiren.“ – „Das nennt man Memoriden“, sagte Ose. Ernas Korbnachbarn, ein Paar, dem sie den Namen „das junge Pärchen“ gegeben hatte, interessierten sich ebenfalls für ihre Schreiberei, und sie gab ihnen den Text zu lesen. Sie schienen davon berührt zu sein, meinten aber, dass er noch nicht ganz druckreif sei. „Es ist ja nur ein erster Entwurf“, sagte Erna. Als der männliche Teil des „jungen Pärchens“ (ganz jung waren sie in Wirklichkeit nicht mehr) noch bei Erna im Strandkorb saß, um ihr vorsichtig einige Fehler aufzuzeigen, öffnete sich plötzlich die Tür von „Adler III“ und Boris streckte seinen Kopf heraus. „Können wir auch mal deine Memoiren lesen?!“, fragte er. Erna wunderte sich ein wenig, dass er sich überhaupt dafür interessierte. Sie stand auf und brachte den Text in den Wagen. Boris nahm ihn entgegen und las laut vor, damit ihn alle gleichzeitig hören konnten. Erna saß dabei und freute sich, dass man ihr Werk witzig fand. Zum Schluss schrieb Boris eine Eins darunter. Erna kam sich vor wie früher in der Schule, wenn sie eine gute Note für einen Aufsatz bekommen hatte. Sie hatte den Eindruck, dass Boris ihren geschriebenen Worten mehr Glauben schenkte als den gesprochenen. Trotzdem änderte sich nichts an seinem Verhalten. Sollte er am Ende Angst vor ihr haben, dachte sie.

Eines Tages im Schwimmerwagen sprach man vom Alter. Dabei stellte sich heraus, dass Boris erst dreiundzwanzig war, also zwölf Jahre jünger als Erna. Nun wurde ihr einiges klar. Boris war gar nicht der souveräne Mann, den sie in ihm gesehen hatte. Wahrscheinlich hatte sie ihn eher verunsichert. Welcher Dreiundzwanzigjährige, der zudem noch gar nicht ganz mit dem Studium fertig ist, möchte schon eine ernsthafte Beziehung mit einer Frau von fünfunddreißig eingehen, jedenfalls zu jener Zeit, als die Frau möglichst jünger als der Mann zu sein hatte. Trotzdem kreisten ihre Gedanken immer noch um Boris.

Manchmal gab es ernstliche Verstimmungen zwischen Erna und Boris, und sie dachte bestürzt, sollten wir doch nicht so gut zueinander passen? Seltsamerweise hielt sie trotz aller kalten Duschen von ihm noch fest an ihrer Überzeugung, dass sie wesensverwandt waren und trotz des Altersunterschiedes gut miteinander harmonieren könnten, wenn sie sich erst einmal nähergekommen wären. An Geduld mangelte es ihr nicht. Alles, was schwierig zu erringen war, reizte sie umso mehr, nicht lockerzulassen. Einfache Sachen fand sie schnell langweilig.

Einmal schätzte Boris ausgerechnet einen Politiker sehr, den Erna nicht ausstehen konnte. Sie hielt sich jedoch zurück mit der Äußerung ihrer Meinung und dachte, vielleicht habe ich ja ein Vorurteil. Wenn dieser Mann mir nicht gefällt, mag er ja trotzdem gute Politik machen. Sie nahm sich vor, in Zukunft etwas objektiver und nicht nur aus dem Bauch heraus zu urteilen.

Eine gute Methode, ihr seelisches Gleichgewicht aufrechtzuerhalten, war für Erna, am Meer entlangzuwandern und alle ihre selbst erfundenen Lieder der Reihe nach laut herauszusingen. Wenn sie weit genug lief, traf sie selten Leute, die sie hätte stören können mit ihren Tönen. Auch während der langen Autofahrten sang sie hemmungslos. Es kam sogar vor, dass sie dabei einen abgehobenen Zustand erreichte, so als habe etwas Göttliches sie berührt. Auch wenn sie ein Gefühl hatte, als ob das Auto fliege, blieb sie aber voll aufs Fahren konzentriert. Gefährliche Situationen von Abwesenheit erlebte sie nie.

Nach ihren Strandwanderungen (natürlich textilfrei) kehrte Erna zufrieden in den Strandkorb zurück, wo sie sich ungestört von irgendwelchen Mini-Playboys von jeder Seite bräunen ließ. Es gab sogar Leute, die ihr Hinterteil so lagerten, dass auch die Falte am Ansatz nicht farblos blieb. Darum bemühte sich Erna nicht.

Ein lästiger Zeitgenosse

Nur ein männlicher Badegast, der mit Boris befreundet zu sein schien, ging Erna ein wenig auf die Nerven. Er lief immer mit einem Stöckchen herum und zitierte ständig Schüttelreime, die er vielleicht für Gedichte hielt und mit denen er andere beglücken wollte. Erna versuchte er mit zotigen Sprüchen zu verunsichern. Er schien sie für ein naives kleines Mädchen zu halten, das man mit Worten wie „bumsen" schockieren könne. Sein Wortschatz war nicht besonders groß, denn dieses Wort kam in fast jedem Satz vor. Als er jedoch eines Tages bis in Ernas Strandburg, die sie sich inzwischen gebaut hatte, vordrang und den Versuch machte, ihren Busen anzugrapschen, wurde sie zornig und schrie ihn an: „Streng dich nicht an, ich bin schon aufgeklärt! Du hast es wohl sehr nötig!" Von da an ließ er sie in Ruhe. Seltsamerweise hatte er eine sehr hübsche, sympathische Frau. Das wunderte Erna ein wenig. Normalerweise war er wohl auch ein gesitteter Mann. Jemand erzählte ihr später, dass er ein ganz seriöser Geschäftsmann sei. Wahrscheinlich wollte er am FKK-Strand Ferien vom Ich machen. Wieder wie zufällig bekam Erna eines Tages im Rettungsschwimmerwagen mit, wie sich dieser Strandmacho sehr vernünftig mit Boris unterhielt. Nach einer Weile näherte sie sich den beiden und sagte zu Ersterem: „Du kannst ja auch richtig nett sein." Er schien sich zu freuen und antwortete: „Man muss halt ab und zu Mäuschen spielen." Boris schaute leicht verständnislos, weil er nicht recht folgen konnte.

Barbesuche und ein Fauxpas

Irgendwann fragte Ose, ob Erna Lust habe, nach dem Baden mit der Wagenclique bei „Karlchen“ ein Glas zu trinken. Erna sagte zu und fuhr vorher schnell mit ihrem Auto ins Hotel nach Westerland, um sich zu duschen und hübsch zu machen. Als sie aus ihrem Zimmer kam, lief ihr der Oberstaatsanwalt im Flur in die Quere und sagte, dass er sie abholen wolle. Erna hatte jedoch den Eindruck, dass er losgeschickt worden war, um zu überprüfen, ob sie tatsächlich im „Stadt Hamburg“ wohnte. Möglicherweise hielt man sie für eine Hochstaplerin. Normalerweise wohnten alleinstehende Sekretärinnen wohl in kleinen Pensionen. Sie gab scheinbar Rätsel auf. Als sie zusammen mit dem Staatsanwalt bei „Karlchen“ eintrudelte, war die Happy Hour praktisch schon vorbei, und die Gruppe löste sich bald auf. Sie waren nämlich alle direkt vom Strand aus in versandetem Zustand in die Bar eingekehrt. Erna kannte die Gepflogenheiten noch nicht. In den darauffolgenden Tagen machte sie es ebenso. Diese frühen Barbesuche, bevor man sich fürs Abendessen umzog, gehörten zur Kampener Routine. Jeweils eine Person der Clique bezahlte die Drinks für alle. Nachdem Erna schon mehrmals eingeladen worden war, hielt sie es für an der Zeit, sich auch einmal spendabel zu zeigen. Ose sagte wohl: „Lass doch“, und Ruth meinte: „Hast du denn genug Geld bei dir? Manchmal steckt man sich ja nicht so viel ein.“ Erna antwortete: „Mach dir keine Sorgen, so arm bin ich nun auch wieder nicht.“ Sie wollte nicht den Anschein erwecken zu profitieren und hatte ihren Stolz. Ruths dezente Sorge um ihren Geldbeutel rührte sie dennoch und machte sie ihr noch sympathischer.

Eines Spätnachmittags, die Kommune 1 saß gerade bei „Karlchen“ an der Theke, betrat Berthold Beitz mit Leibwächter das Lokal. Er nahm gleich neben ihnen Platz. Erna spürte, wie alle vor Ehrfurcht erstarrten. Die lockeren Reden stockten. Sie fand das merkwürdig und sagte lachend zu Lilo: „Gell, in so erlauchter Gesellschaft schmeckt es noch besser.“ Lilo fauchte sie an und sagte: „Kuh!“ Oje, dachte sie, was habe ich angestellt. Sie schien einen unverzeihlichen Fauxpas begangen zu haben. Dabei wollte sie doch nur mit einem kleinen Scherz die Atmosphäre auflockern. Auch Boris, der neben ihr saß, wurde eisig und sagte nur: „Du hast ja Komplexe.“ Nun schämten sich wahrscheinlich die Freunde, mit einer so dummen Gans bekannt zu sein. Und Erna fühlte sich blamiert. Kurz darauf brachen alle auf, und Erna blieb allein mit schwerem Herzen und einem von Alkohol benebelten Kopf zurück. Niedergeschlagen fuhr sie zum Hotel und überlegte die ganze Nacht, wie sie diese dumme Sache wieder aus der Welt schaffen könnte. Gott sei Dank sagte Lilo auf Ernas Entschuldigung am nächsten Morgen: „Es ist schon vergessen“, und weiter: „Du musst nur wissen, dass man bei solch absoluten Spitzen der Gesellschaft so etwas nie sagen darf.“ Aha, dachte Erna. Sich bei ihr wegen der Titulierung „Kuh“ zu entschuldigen, darauf kam Lilo nicht. Erna war sich auch gar nicht sicher, ob Herr Beitz nicht über ihre respektlose Bemerkung gelacht hätte, falls er sie gehört hätte. Ihn störte und langweilte vielleicht eher, dass alle Menschen in seiner Gegenwart innerlich strammstanden. Viele Jahre später las Erna in einer Zeitschrift, dass Berthold Beitz auch keinen Universitätsabschluss besaß. Vielleicht hatte er ebenso wie sie Komplexe deswegen und ließ es sich nur nicht anmerken. In Kampen bei „Karlchen“ wollte er vielleicht mit ganz normalen Menschen nur ein Glas trinken und ein wenig blödeln.

Auf Ernas Frage, wer wohl Berthold Beitz beeindrucken könnte, meinte Herr Bleiken, der Strandkorbvermieter, lakonisch: „Ich.“ Damit mochte er sogar recht haben, denn was nutzt einem alle Macht, wenn man in Kampen ohne Korb im Sandsturm am Strand sitzt? Herr Beitz hielt sich ebenfalls gern im Schwimmerwagen auf, um seinen Tee oder Kaffee zu trinken. Die sonstigen Besucher verzogen sich dann im Allgemeinen diskret. Einmal war Erna gerade da, als der wichtige Herr der Wirtschaft eintrat. Später berichtete ihr Herr Bleiken, dass Berthold Beitz ihn gefragt habe, nachdem sie sich entfernt hatte, wer die junge Dame denn sei. Natürlich fühlte sie sich geschmeichelt. So abgebrüht war sie dann doch nicht, um sich nicht darüber zu freuen. Sie fand ihn recht sympathisch und gutaussehend. Im Allgemeinen hatte sie wenig für Industrielle und Manager übrig.

Boris geruhte ebenfalls Ernas unpassenden Fehltritt bei „Karlchen“ zu verzeihen. Am nächsten Tag im Schwimmerwagen sagte sie: „Ich habe gestern Abend etwas Blödes von mir gegeben." Und Boris antwortete: „Was vorbei ist, ist vorbei."

Inzwischen war Erna ziemlich abgehärtet und nicht mehr so leicht durch die Unfreundlichkeiten von Boris zu erschüttern. Allem Anschein zum Trotz blieb sie zuversichtlich, dass doch noch ein Paar aus ihnen würde. Einmal wurde im Schwimmerwagen von schönen Mädchen gesprochen. Erna sagte: „Ich kenne meine Grenzen." Prompt antwortete Boris: „Das ist auch gut so, wenn man die kennt." Ihre gute Laune war unerschütterlich. Das Jod in der guten Sylter Nordseeluft tat seine Wirkung. Ihr Körper blühte auf, und ihre Psyche war im Gleichgewicht. Sie hatte ein Gefühl, als wäre sie auf dieser Insel im Norden ein neuer Mensch geworden.

Streiche der Freunde

Einmal fuhr Erna mit der Kommune 1 nach List, um dort in einem gemütlichen Lokal Muscheln und Fisch zu essen. Alle bestellten sich als Aperitif etwas Scharfes zu trinken. Nur Erna orderte Tee. Als die anderen protestierten, sagte sie: „Ich brauche jetzt etwas Warmes im Bauch“, was großes Gelächter hervorrief. Warum, wusste sie nicht so recht. Als der Tee kam, nahm sie einen Schluck und musste mal raus. Bei ihrer Rückkehr war ihr Glas fast leer. Sie schaute verdutzt. Die Freunde sagten: „Wir haben alle mal einen Schluck Tee getrunken.“ Sie setzte also das Glas an die Lippen, um sich den Rest zu Gemüte zu führen. Doch, welch ein Schock! Der Tee schmeckte infernalisch. Die Biester hatten ihr einen Cocktail gemixt aus Schnaps, Salz, Pfeffer und wer weiß was noch. Also bestellte sie sich ebenfalls etwas Scharfes, um sich ein wenig anzupassen. Ein Schnaps bei passender Gelegenheit wird mich schon nicht umwerfen, dachte sie. Jemand wie sie schien die Leute herauszufordern, ihr kleine Streiche zu spielen. Ihre Abstinenz wirkte vielleicht ein wenig naiv. Da sie über sich selbst lachen konnte, verübelte sie es den Freunden nicht, sie hereingelegt zu haben. Es machte ihr Freude, andere zum Lachen zu bringen.

Am letzten Urlaubstag legten die Freunde Erna ein zweites Mal herein. Doch diesmal ärgerte sie sich. Am Abend zuvor machte man große Pläne für eine Abschiedsparty in den Dünen. Jeder versprach, ungeahnte Leckerbissen anzuschleppen. Lilo und Acki reisten nämlich ebenfalls ab.

Sie wollten Kaviar stiften, und Erna übertrug man die Aufgabe, zehn Pfund Kartoffeln aus Westerland mitzubringen. Diese wollte man angeblich mit Kaviar füllen und in Silberfolie eingewickelt im Feuer braten. Lilo sagte noch: „Das kommt uns ganz schön teuer." Erna dachte, sie werden schon wissen, was sie sich leisten können. Die Parfümerie in Berlin scheint zu florieren. Sie besorgte also die dicksten Kartoffeln, die sie finden konnte. Die Ladeninhaberin, die als ziemlich kleinlich und geizig verschrien war, öffnete mindestens sechs Plastikbeutel zu je fünf Pfund und suchte die dicksten Kartoffeln heraus. Es war Erna ziemlich peinlich. Anstandshalber kaufte sie noch ein Pfund Pfirsiche. Der Einkauf zog sich hin, dann musste Erna mit dem Auto nach Kampen fahren und die schwere Last über die Bretterstege bis zum Strand schleppen. Mit einer halben Stunde Verspätung traf sie außer Atem ein. Von Lilo und Acki keine Spur. Die andern erzählten ihr, dass es ihnen zu lange gedauert habe und sie schon nach Hause nach Berlin gefahren seien. Erna stand da mit einem dummen Gesicht. Sie begriff, dass die beiden von vornherein nicht vorgehabt hatten, eine Abschiedsfete mit Kaviar steigen zu lassen. Man hatte sie veräppelt. Mit der Freundschaft war es also nicht weit her. Erna hatte nun überhaupt keine Lust mehr, ihre Kartoffeln zu kochen, und stellte sie im Wagen auf den Boden. Schließlich sagte Ruth: „Ich habe Butter mitgebracht, die schmeckt auch gut zu Pellkartoffeln." Also wurden die Kartoffeln doch noch gekocht, und sie mundeten allen gut. Als Erna erzählte, wie sie die Geschäftsinhaberin dazu gebracht hatte, sechs verschweißte Säcke zu öffnen, und gern ein bisschen für diese reife Leistung gelobt worden wäre, lachte Boris nur kurz auf. Erna fühlte sich gekränkt. Sie sagte: „Was tut man nicht alles für Freunde.“ Doch die angeblichen Freunde neigten weniger zum Geben. Das ist mir eine Lehre, dachte sie, in Zukunft werde ich ein wenig kritischer sein und nicht alles glauben.

Erna war am letzten Tag nicht so fröhlich wie sonst. Der Abschiedsschmerz lähmte sie. Der kleine Funke Hoffnung, Boris würde sie doch nicht einfach so sang- und klanglos ziehen lassen, glimmte immer noch schwach. Doch Boris schwieg, und Erna verabschiedete sich schweren Herzens, um zurück nach Luxemburg zu fahren.

Zuversicht und ein Wunder

In Luxemburg schrieb Erna dies in ihr Tagebuch: „Mein Leben erscheint mir im Augenblick wie ein großes Zahnrad. Alle Ereignisse greifen irgendwie ineinander. Wenn ich mir die Mühe machen würde, könnte ich wahrscheinlich bis in meine Kindheit zurückverfolgen, dass alles wohl so kommen musste. Längst vergangene Dummheiten sind nur Glieder in dieser Kette der Vorkommnisse und waren immer für etwas gut. Sie haben mich oft davor bewahrt, Entscheidungen zu treffen, die ich später bereut hätte. Zurückblickend bin ich für alles dankbar, auch wenn es unangenehm war. Für die Zukunft werde ich mich nicht zu sehr auf bestimmte Wünsche versteifen. Auf diese Weise erspart man sich Enttäuschungen. Ich werde das Leben auf mich zukommen lassen. Man sollte wirklich nie etwas tun, wovor einen die innere Stimme warnt. Sie hat meist recht."

Erna schrieb ein Gedicht mit dem Titel „Fazit", das ganz gut wiedergab, wie sie sich mit fünfunddreißig Jahren fühlte.

Fazit (1971)

Ich habe das ganz bestimmte Gefühl,
als trete ich in eine neue Phase.
Setzt' ich mich lang auf die falschen Stühl',
wächst mir allmählich eine bessere Nase.

Bis ich zwanzig Lenze zählte,
konnt' ich mich nicht direkt beklagen.
Doch dann, statt dass ich mich vermählte,
bracht' ich meine Eltern fast zum Verzagen.

Als Kind soll ich recht putzig und munter gewesen sein.
Ein wenig erinner' ich mich daran.
Mir fielen so allerlei Liedchen ein,
aber dann fing das Elend so richtig an.

Irgendwie war ich nicht wie andere Mädchen,
die gerne heiraten und oben bei den Eltern wohnen.
Ich wollte lieber in ein schöneres Städtchen
und sehnte mich mehr nach ferneren Zonen.

Nur ganz konnt' ich mich leider nicht befrei'n.
Schließlich ging ich auf dreißig,
und ich wollt' keine alte Jungfer sein.
Ich suchte, probierte und litt immer fleißig.

Es wollte einfach nicht richtig klappen,
wenn ich auch tapfer versuchte zu lieben.
Es gelang mir nie, einen Mann zu schnappen.
Zuerst musste ich doch einmal etwas sieben.

Am Ende blieb nie was Gescheites zurück.
War ich vielleicht nicht normal,
oder hatte ich einfach kein Glück?
Es standen doch etliche Männer zur Wahl.

Und dabei die Folgen ständig vor Augen.
Im Alter würd' ich einsam und verlassen sein.
Mein Gott, sollt' ich nicht zur Ehe taugen?
Es war voller Angst, mein Herze klein.

Inzwischen bin ich in fünf Jahren vierzig
und konnte noch immer das Prachtstück nicht finden.
Dafür finde ich das Leben jetzt würzig
und liebe besonders den Duft süßer Linden.

Durch schattige Wälder streife ich gerne,
am rauschenden Meer sing ich meine Lieder.
Ich suche das Glück nicht mehr weit in der Ferne
und fahre am liebsten nach Sylt immer wieder.

Im Laufe der Zeit hab ich endlich begriffen,
es hat keinen Sinn, in die Zukunft zu schau'n.
Man lebt grade jetzt auf den fahrenden Schiffen
und muss sich dabei seine Gegenwart bau'n.

Fast hätte ich mich durchs Gerede der andern,
mit leisem Ermahnen aus besserer Sicht,
der Freude beraubt, unbeschwert hinzuwandern
und Dinge zu tun, die nicht unbedingt Pflicht.

Wer ausgeglichen und fröhlich sich gibt,
nicht launisch und sorgenvoll zieht tiefe Falten,
wird eines Tages auch ehrlich geliebt
und kann sich in Ruhe sein Schicksal gestalten.

Den Rat möcht' ich allen, die jünger sind, geben:
Nutzt es von Herzen, liebt euer Leben!

Das klang eigentlich ganz schön weise. Irgendwann würde Erna sicher lernen, welcher Mann ihre Liebe verdiente. Doch bis es so weit war, musste sie ihre Erfahrungen machen, um bereit zu sein, wenn der Richtige ihren Weg kreuzte. Tief im Innern war sie immer sicher, dass ihr eines Tages die ganz große Liebe begegnen würde. Liebe war der Sinn des Lebens für Erna, solange sie zurückdenken konnte. Sie verstand ihre Mutter nicht, die manchmal zu ihr sagte: „Mir war es immer wichtiger, geliebt zu werden, als selbst zu lieben."

Vorläufig war Erna noch nicht so weit, um immer in der Lage zu sein, die Spreu vom Weizen zu trennen. Boris spukte weiter in ihrem Kopf und Herzen herum. Unterwegs von Sylt nach Luxemburg schrieb sie ihm einen Brief von dem Hotel aus, wo sie in Bad Bramstedt übernachtete. Sie musste einfach ihre Gedanken sammeln und hoffte, Boris würde reagieren, um wenigstens die Widersprüche aufzuklären. Warum hatte er sie geküsst, um danach panisch zu flüchten, so als fürchte er mit ihr allein zu sein. Das verstand sie nicht. Sie hatte gespürt, dass sie ihm nicht ganz gleichgültig war.

In ihr Tagebuch schrieb sie: „Wie meine Geschichte weitergeht, weiß ich nicht. Sie wird entweder mit einer großen Liebe oder mit einer großen Enttäuschung enden. Nein, besser gesagt mit einem großen Irrtum. An Enttäuschungen glaube ich nicht. Meist stellt sich im Nachhinein heraus, wofür sie gut waren, falls das Schicksal etwas anderes mit einem vorhat. In drei Wochen werde ich es wissen." Sie hatte sich nämlich entschlossen, in drei Wochen wieder nach Sylt zu fahren, obwohl ihr Urlaubsetat eigentlich schon überzogen war. Sie hatte ein Zimmer unterm Reetdach in Oses Elternhaus gemietet, diesmal ohne eigenes Bad. „Jetzt bleibt mir nichts anderes übrig, als zu träumen und zu schreiben. Einen letzten Rest meiner Schutzhaut werde ich mir dadurch bewahren, dass ich weiter lebe wie bisher, als wäre nichts geschehen. Niemand soll merken, in welchem Ausnahmezustand ich bin. Ich bemühe mich, meine Büroarbeiten so gut wie möglich zu erledigen, und schreibe weiter meine Artikel über die Emanzipation der Frau." Sie hatte für eine Luxemburger Illustrierte, die einem Freund gehörte, einen Artikel über die veralteten luxemburgischen Ehegesetze geschrieben. Ins Tagebuch notierte sie: „Ich finde nämlich, man darf nicht alles auf die Karte der Liebe setzen. Wenn man am Ende eine Null zöge, stünde man da mit leeren Händen und würde nur sehr schwer wieder den Anschluss ans Leben finden. Man ist aber auf der Welt, um das Beste daraus zu machen. Wir sind nicht geboren, um ständig unser Geschick zu beklagen. Man muss seine Begabungen und Fähigkeiten erkennen und nützen. Außerdem müssen wir lernen, unser Bewusstsein zu entwickeln. Dann ist man glücklich und ausgeglichen. Trotzdem, ab und zu, wenn ich zum Beispiel müde bin, kommt auch bei mir wieder das Gespenst der Angst hervor. Ich nehme aber gleich den Kampf auf, um mich nicht unterkriegen zu lassen. Das herrliche Gefühl der Ausgeglichenheit und Zuversicht, das mir Sylt geschenkt hat, will ich nie wieder verlieren."

Obwohl Erna ihre Mutter sehr liebte, konnte sie auch nicht mit ihr über die Erfahrungen auf Sylt sprechen. Ihre Mutter sehnte sich nach Enkelkindern und verstand nicht, warum Erna sich immer so viele Gedanken machte, anstatt einen netten Durchschnittsmann zu heiraten.

Von Ose erhielt sie eine Karte, dass ein Zimmer für sie im Haus ihrer Eltern reserviert sei. Auf dieser Karte schrieb auch Boris einen Gruß, und zwar: „Herzlichste Grüße von dem Boris." Erna freute sich sehr und hielt ihn schon fast für eine Liebeserklärung. Nun sah sie dem Wiedersehen mit Hoffnung entgegen.

Eines Abends dachte Erna ganz intensiv an den Mann, den sie zu lieben glaubte, und wünschte, er würde es spüren und auch an sie denken. Gleichzeitig betete sie für ein Zeichen, dass alles gut würde. Am folgenden Morgen stand sie etwas müde vom vielen Denken auf, um sich zur Arbeit fertig zu machen. Als sie im Begriff war, das Licht im Badezimmer anzuknipsen, ging es plötzlich von allein an, noch ehe sie den Schalter berührt hatte. Sie hörte die Neonröhre richtig knacken. Das war ja ein Wunder, schoss es ihr durch den Kopf. Es muss ein Zeichen sein. Wenn meine Willensstärke so groß ist, das Licht einzuschalten ohne manuelle Einwirkung, werden mir sicher auch noch wichtigere Wunder begegnen. Bestärkt durch dieses Erlebnis, sah sie nun der Zukunft mit noch mehr Hoffnung und Zuversicht entgegen.

Andauernd wurde sie an Sylt erinnert. Bundeskanzler Brandt verbrachte seinen Urlaub auf Sylt; ein Sprecher von Radio Luxemburg sagte, dass er auf Sylt war; in allen Illustrierten, die sie aufschlug, wurde über Sylt geschrieben. Sylt lag in der Luft. Erna war scheinbar nicht die Einzige, die sich in und auf Sylt verliebt hatte. Allerdings war sie ganz froh, dass Brandt nicht ihr Strandkorbnachbar war. Seit sie ihn im Fernsehen mit Strauß im Clinch gesehen hatte, war sie ziemlich von ihm enttäuscht, wie er die Kontrolle über sich verloren und ohne Souveränität mit hässlichen Worten und Blicken um sich geschmissen hatte. Da machte Strauß fast einen besseren Eindruck, obwohl sie dem nicht über den Weg traute.

Ein Fernsehfilm erschien ihr wie ein gutes Omen. Er spielte am Meer. Der Hauptdarsteller studierte Zahnmedizin, und die Geliebte war Künstlerin. Nach anfänglichen Missverständnissen kamen sie zusammen.

Eine Entscheidung

Erna fühlte sich ebenfalls wie eine verkappte Künstlerin. Von Jugend an hatte sie den Traum gehabt, Chansonsängerin zu werden. Während einiger Jahre war sie in Luxemburg als Sängerin mit eigenen Liedern aufgetreten. Eigentlich war es immer dasselbe Lied gewesen, weil die Band nie Zeit zum Proben gehabt hatte, da es die Band ihres Freundes gewesen war. Nach zwei Jahren hatte sie sich geniert, immer wieder das gleiche Lied vorzutragen, und es vorgezogen, sich nicht mehr auf Luxemburger Kleinbühnen zu produzieren. Ach ja, ihr Freund. Auf Sylt hatte sie ihn fast vergessen. Der letzte Funke Liebe für ihn hatte sich endgültig verflüchtigt. Und Mitleid allein war keine Basis für ein gemeinsames Leben. Er war dabei, sich selbst zu ruinieren, und Erna fand sich nicht verpflichtet, ihn dabei zu begleiten. Zärtlich war er auch nicht, und alles andere war eine Quälerei. Bevor sie nach Sylt gefahren war, hatte sie hin und her geschwankt. Sie hatte sich nicht entscheiden können, ob sie ihn endgültig verlassen sollte. Sie waren fünf Jahre mehr oder weniger zusammen gewesen. Allerdings teilten sie nicht die Wohnung. Doch das stimmt auch nicht ganz. Am Wochenende schlief er sich bei ihr aus. Sie hatte nur die Arbeit mit ihm, und er profitierte in jeder Hinsicht. Trotzdem gewöhnt man sich an vieles. Erna fürchtete auch ein bisschen, wieder solo dazustehen. Immerhin war sie fünfunddreißig. In diesem Alter haben Frauen oft eine kleine Torschlusspanik. In späteren Jahren verliert sich das meist wieder, und sie können gar nicht mehr verstehen, warum sie einmal so dumm waren.

Auf Sylt sprach sie mit Ose über ihren Luxemburger Freund, wie unbefriedigend die Beziehung für sie sei und dass sie nicht wisse, was sie tun solle. Sie saßen gerade im Schwimmerwagen. Möglicherweise bekam auch Boris etwas davon mit. Ose antwortete auf ihre typisch trockene Art: „Schaff ihn ab!“ Ja, ich glaube, das werde ich tun, dachte Erna. Auf Sylt war sie aufgewacht, und sie hatte gemerkt, dass fünfunddreißig noch jung genug war, um neu anzufangen.

Zurück in Luxemburg schrieb Erna also sofort einen Brief an ihren Sängerfreund, um ihm klarzumachen, dass sie keine Lust mehr hatte, im alten Trott weiterzumachen. Sie kam sich fast ein bisschen grausam vor, weil sie ihm gewisse Schwächen aufzeigte. Sie schloss damit, dass sie ihn zumindest für einige Zeit nicht mehr sehen möchte. Nach ein paar Tagen rief er an und sagte, dass wieder alles in Ordnung sei mit ihm, was immer er damit meinte. Erna ließ sich nicht mehr erweichen. Zu oft hatte er Versprechungen gemacht, die er nicht hielt. Er schuldete ihr noch eine Menge Geld. Jedes Mal, wenn er wieder um ihre Hilfe bat, sagte er vorher: „Ich gebe dir das Geld jetzt bald zurück. Könntest du mir bis dahin nochmal … usw.“ Das fand sie unlogisch. Wie kann man gleichzeitig in Aussicht stellen, Schulden zurückzuzahlen, und wieder neue bei der gleichen Person machen? Sie war sich jetzt sicher, dass sie endgültig mit ihm fertig war. Das Geld war ja nicht das Schlimmste. Sein mangelndes Feingefühl bei der Liebe war weitaus schwerwiegender. Sie war froh, dass sie nicht mit ihm verheiratet war. Sie kannte sich mit den luxemburgischen Scheidungsgesetzen aus durch ihre Recherche für den Artikel. Wenn zum Beispiel bei der Scheidung der Mensch, mit dem man Ehebruch begangen hatte, im Urteil erwähnt wurde, durfte der „schuldige“ Teil diesen erst heiraten, wenn der geschiedene Ehepartner tot war. Außerdem wurde der Ehebruch der Frau immer härter beurteilt. Sie konnte sogar dafür bestraft werden, der Mann nicht. Ein paar Jahre später wurden diese Gesetze geändert. Erna dachte, vielleicht habe ich ein wenig mit meinem Schreiben darüber dazu beigetragen.

Der Sängerfreund starb mit zweiundfünfzig Jahren völlig heruntergekommen, verarmt und alkoholkrank.

KAPITEL II

Die Wende

Wieder in Kampen

Die drei Wochen bis zur nächsten Syltreise vergingen wie im Flug. Erna hatte noch genug Urlaub, und ihr Chef war einverstanden. Mit ihrem kleinen Auto düste sie also wieder nach Kampen, wo sie diesmal auch wohnte. Ose empfing sie herzlich und stellte sie ihren Eltern vor, die auch sehr freundlich zu ihr waren. Das Zimmer unterm Reetdach war klein, aber anheimelnd. Dusche und Toilette waren im Flur und wurden von mehreren Leuten benutzt. Seltsamerweise machte es Erna diesmal nichts aus. Die Mitbewohner waren alle recht nett. Wenn man sich im Bademantel auf dem Gang zum Bad traf, wechselte man ein paar Worte und lachte miteinander. Alles war sehr familiär. Morgens saß man bei Oses Familie im Wohnzimmer und frühstückte gemeinsam. Erna fühlte sich wohl. Oses Vater wollte sie als Mitglied der Lebensrettungsgesellschaft für Schiffe in Seenot anwerben, deren Vorsitzender er auf Sylt war. Sie hatte jedoch keine Lust dazu und war sowieso knapp bei Kasse.

Erna war glücklich, wieder durch die Dünen zum Strand zu wandern. Sie fühlte sich wie zuhause angekommen. Auch der Kuckuck begrüßte sie. Er war hier nicht scheu wie in den Wäldern und flog ganz offen über die Heide, die vor den Dünen lag, und ließ seinen wohlbekannten Ruf erklingen. Ein Strandkorb wartete ebenfalls schon auf sie. Diesmal musste sie sich keine Kurkarte erschwindeln. Sie war registrierter Gast in Kampen, und alles hatte seine Richtigkeit. Auch der Rettungsschwimmerwagen samt Inhalt stand an der gleichen Stelle. Boris erwähnte ihren Brief jedoch mit keinem Wort. Wahrscheinlich machte ihn so viel Offenheit sprachlos. Sein Verhalten war unverändert launisch.

Ein mystisches Erlebnis

An einem Tag machte Boris Andeutungen, dass er in der Nacht aus einem bestimmten Grund zum Strand müsse. Erna hatte seit langem den Wunsch, auch einmal nachts im Dunkeln zum Strand zu wandern. Sollte sie zufällig dabei auf Boris treffen, wäre ihr das nicht unangenehm. Zwischen drei und vier fuhr sie also mit dem Auto zum Parkplatz und trottete über die Bretterstege zum Meer hinunter. Sie war mutterseelenallein. Kein Boris ließ sich blicken. Trotzdem genoss sie das nächtliche Abenteuer. Angst hatte sie keine. Im Gegenteil, sie war in einer mystischen Hochstimmung und hatte ein Gefühl, als würden Naturgeister um die Körbe streichen. Sie legte sich auf die Bank vor dem Schwimmerwagen und wickelte sich in die Decke, die dort bereitlag, so als habe eine mitleidige Seele gewusst, dass Erna nachts frieren würde. Sie geriet in einen Halbschlaf und fühlte sich eins mit dem ganzen Universum. Unsichtbare Augen beobachteten sie. In dieser Nacht erwachte ein neues Bewusstsein in ihr, noch ganz vage und sacht. Sie empfand eine Art transzendente Verbindung zu allen Menschen auf der Erde und zu allen Galaxien und Ebenen. Erna konnte sich nicht erklären, was das für ein seltsamer Zustand war. Sie dachte, das kann doch nicht möglich sein, wie soll mein kleiner, unwichtiger Körper mit dem ganzen Weltall Kontakt haben? Bin ich am Ende verrückt geworden? Sowas habe ich doch noch nie gelesen. Darüber sprechen kann ich keinesfalls, niemals, mit keinem einzigen Menschen. Dann würden sie mich für vollkommen übergeschnappt halten. Dass ich exaltiert bin, denken meine neuen Sylter Freunde wahrscheinlich sowieso schon. Als es dämmerte, wanderte Erna zurück zum Parkplatz und fuhr nach Hause in ihr Zimmerchen unterm Dach. Übrigens war Oses Elternhaus vor Jahren total abgebrannt, weil das Dach Feuer gefangen hatte. Es war also nicht ganz ungefährlich, in einem solchen Haus zu wohnen. Es war zu spät, um sich wieder ins Bett zu legen, und zu früh, um schon den Tag zu beginnen. Erna setzte sich aufs Bett und schrieb ihre Gedanken nieder. Eigentlich dachte sie gar nicht dabei nach. Es war, als diktiere ihr jemand, und sie schrieb fast automatisch. Später hätte sie diesen Text gern wieder gelesen, doch er war nicht mehr aufzufinden.

Am Tag darauf kam es Erna vor, als hätte sie etwas Abstand von Boris bekommen. Ihr erhebendes Erlebnis in der Nacht war ihr plötzlich näher. Ihr Leben würde irgendwann zum Ziel führen und ihr den wahren Sinn offenbaren. Sie spürte eine tiefe Gewissheit, dass ihr etwas Großes, Wunderbares in ihren späteren Jahren geschenkt würde. Dafür muss ich frei bleiben und geduldig, ohne Hast voranschreiten, dachte sie. Diese Intuition verließ sie nie mehr ganz und half ihr, alle Schwierigkeiten zu meistern und die Einsamkeit zu ertragen. Natürlich wurde ihr Leben nicht einfacher, und sie irrte sich noch oft. Doch sie fühlte sich stark und ließ alles, was sie in ihrer Entwicklung behinderte, ohne zu zweifeln schnell hinter sich. Sie bereitete sich vor auf das, was ihr bestimmt war. Ihr Verstand schoss natürlich immer mal wieder quer. Seine Logik erfasste nicht, was die Intuition wusste. Die wiederkehrende Erfahrung, dass die Intuition besser informiert ist als der Verstand, half ihr über alle Klippen hinweg. Natürlich sehnte sie sich weiter nach der Liebe eines Mannes. Sie war in ihrem seelischen Wohlbefinden jedoch nicht mehr allzu abhängig von der Erfüllung ihrer Träume.

Da Erna viel Zeit in ihrem Strandkorb hatte, begann sie Verse zu schreiben, die ihre Sehnsucht nach Liebe und Glück ausdrückten. Dies ist eines der Gedichte:

Glück (1971)

Ich lege mich auf den Wind,
er trägt mich die Düne hinab,
als wär ich sein eigenes Kind,
dem er seine Lebenskraft gab.

Eine Mulde im Dünental
nimmt mich schützend in ihren Schoß,
und es wärmt mich der Sonne Strahl,
und ich fühle das zartgrüne Moos.

Ich laufe am Ufer entlang
und atme das würzige Meer.
Es lockt mich mit seinem Gesang
immer weiter, die Umkehr fällt schwer.

Durch den Regen mit nassem Gesicht,
und der Wind voller Kraft mir im Rücken.
Warm verpackt, so friere ich nicht.
Darf nach Muscheln und Steinen mich bücken.

Unter Sternen alleine am Strand,
bis der Morgen allmählich erwacht,
barfuß über den taufeuchten Sand,
und die Sonne siegt über die Nacht.

Träumen im Strandkorb allein
und von der Sonne verwöhnt,
träumen, man wäre zu zwei'n,
mit dem Leben und Sterben versöhnt.

Freunde, die alles versteh'n
und sich auch immer verzeih'n,
nicht nur die Nachteile sehn,
ängstlich bedacht auf den Schein.

Lachend mit ihm Hand in Hand
über den Kampener Sand,
bis man sich müde gerannt,
voller Liebe und ohne Verstand.

Ein überraschender Kuss

Erna gab Boris zu verstehen, dass sie sich nicht nur wegen ihm gern im Schwimmerwagen aufhalte, sondern dass ihre Freundschaft zu Ose und Wolf das Hauptmotiv sei. Der Kreis der Freunde vergrößerte sich. Oses Bruder war eingetroffen, um ein paar Tage zuhause zu verbringen. Für den Rest des Jahres lebte er in Hamburg, wo er als Techniker bei Nivea arbeitete. Als er den Schwimmerwagen betrat, stellte ihn Ose Erna mit den Worten vor: „Das ist Mathis, mein Bruder, die faule Sau.“ Er schaute erstaunt ob dieser deftigen Charakterisierung, bis man ihm Lilos Witz erzählte. Erna war angenehm von seiner Ausstrahlung berührt. Er wirkte eher ruhig und zurückhaltend.

An einem stürmischen Tag, Erna hatte sich vor dem Regen in den Schwimmerwagen geflüchtet, wurde sie Zeugin einer Rettungsaktion. Wolf und Boris hatten den Notruf eines Segelschiffes aufgefangen und an die Küstenwacht weitergeleitet. Vom Wagen aus konnte man in einiger Entfernung ungefähr beobachten, wie das Rettungsschiff die Leute vom Segler barg. Es soll sich um eine Familie mit Kindern gehandelt haben, die bis dahin nur auf Flüssen gefahren war. Mit den Tücken der Nordsee war sie nicht vertraut. Alles verlief glimpflich, und abends wurde die Mannschaft einschließlich Rettungsschwimmern und Freunden aufs Schiff der Küstenwacht zu einem Umtrunk eingeladen. Das Schiff lag in List an der äußersten Spitze von Sylt. Erna war als Freundin von Ose auch willkommen. Der Kapitän war sehr gastfreundlich und herzlich zu Erna. Er zeigte ihr sein Schiff, das mit allen Rafinessen der Technik ausgerüstet war. Erna war beeindruckt. Ein Jahr später, als sie wieder auf Sylt Urlaub machte und durch List spazierte, rief sie plötzlich jemand aus der Krabbenbude beim Namen. Es war der Kapitän des Rettungsschiffes, der außerdem einen Krabbenhandel betrieb. Sie freute sich, dass er sich nach so langer Zeit noch an ihren Namen erinnerte. Ein Jahr danach starb er bereits.

Auf dem Rettungsschiff merkte Erna, dass Mathis sich immer in ihrer Nähe aufhielt. Sie kamen miteinander ins Gespräch, und Erna fand ihn ziemlich sympathisch. Boris war natürlich ebenfalls anwesend. Er ignorierte sie und wirkte etwas düster und ziemlich abgefüllt. Ose sah wohlwollend zu Erna und Mathis hin. Ihr schien es zu gefallen, dass die beiden sich mochten. Fast schlagartig fiel Ernas Verliebtheit in Boris von ihr ab. Warum sollte sie sich weiter schlecht von ihm behandeln lassen, wenn ein anderer, der ihr gut gefiel, sich um sie bemühte. Nach der Schiffsparty standen alle am Kai und überlegten, wer mit wem im Auto nach Hause fahren würde. Mathis war mit seiner Schwester und Wolf gekommen. Nun schloss er sich Erna an, die ihn gern mitnahm. Die beiden standen ein wenig abseits. Alle waren locker und fröhlich. Plötzlich nahm Mathis Erna in die Arme und begann sie unter den Augen der andern zu küssen. Sie war etwas überrascht, doch sie ließ es geschehen und fand es angenehm. Mathis war nicht der Playboytyp, vor dem man sich besser vorsah, wenn man in Kampen nicht in Verruf geraten wollte. Obwohl sie ihn ja noch kaum kannte, hatte sie Vertrauen zu ihm. Die Freunde, außer Boris, sahen schmunzelnd herüber. Sie hatten sicher mitbekommen, dass Erna bis dahin Boris' sparsamem Charme erlegen war. Sie wirkten irgendwie zufrieden, dass sie es sich anders überlegt hatte. Doch von Überlegen konnte man kaum sprechen. Sie wurde eher überrumpelt. Sie hatte einen leisen Verdacht, als ob Ose daran gedreht hätte. Mathis hatte ebenfalls ein Zimmerchen unter dem Dach. Wie selbstverständlich gingen sie jedoch zusammen in Ernas Zimmer. Sie war zu allem bereit und glücklich. Allerdings schien der Alkohol seine Wirkung zu tun und nichts geschah. Mathis sagte: „Du bist sehr feinfühlend." Erna wusste nicht so recht, was sie denken sollte. Sie war ein gebranntes Kind durch die fünfjährige unbefriedigende Beziehung zu dem Schlagersänger und fürchtete, dass sich dieses Muster wiederholen könnte. Am nächsten Tag musste Mathis nach Hamburg zurückfahren. Erna war ein wenig verwirrt. Bevor Ose ihn abends zum Zug fuhr, aßen sie noch im Elternhaus zu Abend. Erna scheute es, schon jetzt fast wie eine Verlobte mit am Esstisch der Familie zu sitzen, und verschwand allein in ein Restaurant, ohne vorher Bescheid zu sagen. Als sie zurückkam, war Mathis schon abgereist. Einerseits war sie traurig, weil sie ihn sehr mochte, andererseits dachte sie, es ist besser, wenn sich diese neue Liebe langsam entfaltet. Ich will mich nicht erneut in eine Illusion hineinsteigern. Mathis sollte in einer Woche für einen längeren Urlaub nach Kampen zurückkommen. Allerdings würde es dann bald Zeit für Erna, nach Luxemburg zurückzukehren. Es würden ihnen gerade zwei gemeinsame Tage in Kampen bleiben. Das war natürlich zu kurz, um bereits zu wissen, wie es weitergehen sollte. Ursprünglich war Ernas Abreise schon für zwei Tage früher geplant gewesen. Sie rief einfach im Büro an und sagte, dass sie durch ein Problem mit ihrem Auto erst später wieder zur Arbeit kommen könne. Ihr Zimmer unterm Dach war jedoch schon vermietet. Das ganze Haus war ausgebucht. Selbst Mathis konnte nicht im Elternhaus schlafen. Er benutzte das Zimmer von Wolf, der inzwischen bei Ose schlief. Oses Mutter, die Erna in ihr Herz geschlossen hatte, sah scheinbar schon die zukünftige Schwiegertochter in ihr und bot ihr an, dass sie bei ihr im Ehebett schlafen könne. Ihr Mann war nämlich einige Monate zuvor ganz plötzlich gestorben.

Erna nahm das Angebot, bei der Mutter zu schlafen, ein wenig zögernd an. Sie war es nicht gewohnt, mit jemand im gleichen Raum zu nächtigen, und fürchtete, kein Auge zuzutun. So war es auch. Mutter schnarchte nämlich, und Erna wälzte sich schlaflos hin und her. Am nächsten Tag wurde sie gefragt, wie sie geschlafen habe, und Erna antwortete ehrlich: „Gar nicht." Daraufhin beschloss Mutter, auf der Couch im Wohnzimmer zu schlafen und Erna ihr ganzes Schlafzimmer zu überlassen. Aber das wollte Erna auf keinen Fall. Mathis hatte nämlich einmal missbilligend gesagt: „In der Hochsaison vermieten die Leute sogar ihr eigenes Schlafzimmer." Sie wusste also, was er davon hielt. Sie ließ sich auf keine Diskussion mit Mutter ein und fuhr nach Westerland, um im Hotel Stadt Hamburg ein Zimmer zu mieten. Das klappte auch. Als sie zurückkam, um einige Sachen zu packen und Mutter davon in Kenntnis zu setzen, war diese so gekränkt und beleidigt, dass sie kein Wort mehr mit ihr sprach. Doch Erna blieb konsequent. Sie ließ sich nicht manipulieren, auch nicht durch Freundlichkeit. Sie spürte, dass Mathis ihr Verhalten verstand und schätzte. Das Bett in Westerland blieb allerdings unbenutzt. Mathis sagte im letzten Moment, bevor Erna in ihr Auto steigen wollte: „Komm doch mit zu mir.“ Und obwohl Erna wusste, dass sie dann erst recht nicht schlafen würde, sagte sie nicht nein. Morgens fuhr sie übernächtigt zu ihrem Hotelzimmer, um sich lediglich die Haare zu waschen. Es war der Abreisetag. Doch sie beschloss, nicht sehr weit zu fahren und unterwegs bald wieder in einem Hotel Zwischenstation zu machen.

Obwohl sich Erna neu verliebt hatte, dachte sie darüber nach, warum Boris' Verhalten wohl so widersprüchlich war. Sie neigte dazu, den Dingen auf den Grund zu gehen, und schickte manchmal Briefe mit voreiligen Schlüssen ab. Verschiedene Indizien hatten in ihr die Überzeugung geweckt, dass es nur eine Erklärung geben konnte: Boris musste homosexuell sein. Sie verfasste also einen einfühlsamen, verständnisvollen Brief an Boris, in dem sie ihm ihre Annahme unterbreitete und sich dafür entschuldigte, dass sie ihn so bedrängt hatte. Sie erinnerte sich an den Kuss am nächtlichen Strand, der vollkommen neutral, ohne männliche Leidenschaft gewesen war. Ein Mann, der so flau küsst, kann unmöglich an Frauen interessiert sein, dachte sie. Es kam ihr so vor, als wäre Boris noch in der Probierphase, um herauszufinden, zu welchem Geschlecht er sich hingezogen fühlte, und als wäre er deshalb so seltsam launisch und verwirrt. Sie bildete sich sogar ein, ihm mit ihrem Brief zu helfen. Erst als er schon unterwegs war, bekam sie Gewissensbisse und fürchtete, dass es Boris ganz schön treffen könnte, so schonungslos als homosexuell eingestuft zu werden. Doch sie konnte ihren Schritt nicht mehr rückgängig machen. Natürlich kam auch diesmal keine Antwort. Nun war es Erna peinlich wegen ihrer Voreiligkeit. Sie schämte sich regelrecht und sah einem Wiedersehen mit Boris im nächsten Jahr mit leichter Besorgnis entgegen. Deswegen in Zukunft auf Sylt verzichten, kam ihr jedoch nicht in den Sinn.

Ein Besuch in Hamburg

Wieder in Luxemburg versuchte Erna nun ihre neue Beziehung brieflich etwas auszugestalten. Mathis und sie waren sich nach den paar Tagen des Zusammenseins noch weitgehend unbekannt. Er schien jedoch kein ausgesprochener Briefeschreiber zu sein. Seine Antworten waren kurz und spärlich. Erna dachte, so funktioniert es nicht. Sie nahm sich vor, ihn sobald sie konnte in Hamburg zu besuchen.

Mathis war einverstanden. Irgendwann brauste Erna also erneut mit ihrem kleinen Renault in Richtung Norden. Ohne Schwierigkeiten fand sie das Stadtviertel und das Haus, wo er wohnte. Die Wohnung bestand aus einem Raum mit Küche und Bad. Das Bett war breit genug und stand in einer abgeteilten Nische. Das fand Erna gemütlich. Auch gefiel ihr, dass Mathis so viele Bücher besaß. Er war also belesen und nicht dumm. Abends führte er sie in seine Stammkneipe. Was ihr dort auffiel, war, dass alle Gäste, darunter auch ein relativ bekannter Schauspieler, ziemlich beziehungslos, gelangweilt herumstanden und ihr Bier oder Sonstiges tranken. Sie war das Besuchen solcher Lokale in einer Großstadt ja nicht gewöhnt und hatte es sich irgendwie anders vorgestellt, aufregender, spannender. Wieder konnte sie ihren Mund nicht halten und sagte zu Mathis: „Hier stehen alle auch nur so herum." Er wollte ihr doch sicher etwas bieten, indem er sie in dieses Lokal einlud, und sie fing gleich undankbar an zu meckern. Auch mit seinen besten Freunden, einem jungen Paar, machte er sie bekannt. Sie waren sehr nett und gebildet, doch irgendwie fühlte sich Erna fremd, so als wäre sie eine Ausländerin. Vielleicht kam das daher, dass sie schon sieben Jahre in Luxemburg lebte und arbeitete. Allerdings fühlte sie sich auch dort nicht wirklich heimisch. Mathis ging mit ihr auf der berühmten Promenade am Elbufer, wo viele reiche Leute ihre Villen hatten, spazieren. Als sie auf einer Café-Terrasse saßen, war Mathis ziemlich einsilbig. Erna strengte sich an, um das Gespräch in Gang zu halten, doch es fiel ihr auch nichts Besonderes ein. Scheinbar hatten sie nicht gerade viel auszutauschen. Erna kam es so vor, als sei Mathis ziemlich introvertiert, als spreche er nicht gern über das, was in ihm vorging. Dabei sehnte sie sich doch nach einem Mann, mit dem sie endlich mal richtig reden konnte. Sie war ein bisschen enttäuscht, obwohl sie immer noch verliebt war. Am Tag darauf musste Mathis wieder zur Arbeit. Erna machte sich in der Küche nützlich. Sie fühlte sich als Frau sozusagen zum Aufräumen und Saubermachen verpflichtet. Wahrscheinlich wollte sie beweisen, dass sie keine schlechte Hausfrau abgeben würde. Zur damaligen Zeit dachten Frauen noch, dass sie ihre Ehetauglichkeit demonstrieren müssten. Mathis schien jedoch nicht sonderlich erfreut zu sein über Ernas Aktivitäten in der Küche, als er abends nach Hause kam. Er sagte nur dünn: „Das wäre doch nicht nötig gewesen." Er war wohl auch nicht sonderlich an einer Ehe interessiert, da er schon einen gescheiterten Versuch hinter sich hatte. Er war geschieden. Auf Ernas Fragen, warum, weshalb, wieso, antwortete er ausweichend. Vielleicht wusste er selbst nicht so genau, warum die Ehe nicht funktioniert hatte.

Männer lieben es sowieso selten, die Gründe in aller Einzelheit zu analysieren.

Außerdem war Erna allein mit der Untergrundbahn in die Stadt gefahren. Sie war schließlich eine unternehmungslustige, selbständige Frau, die nicht den ganzen Tag im Zimmer sitzen und auf ihren Liebsten warten wollte. Beim Umsteigen machte sie einen Fehler und stand plötzlich in einem ziemlich düsteren Viertel mutterseelenallein im Dunkeln auf einer einsamen Straße. Sie suchte nach der richtigen Untergrundstation, wozu sie eine Weile laufen musste. Ihr war recht mulmig zumute, um nicht zu sagen, sie hatte Angst. Doch alles ging gut. Sie fand den Zug und landete wohlbehalten in Mathis' Wohnung.

Am darauffolgenden Tag war sie wieder allein. Allerlei Gedanken gingen ihr durch den Kopf. Sie hatte nicht den Eindruck, als ob Mathis und sie sich wesentlich nähergekommen wären während dieser paar Tage. Sie konnte sich nicht vorstellen, wie ihre Beziehung nun weitergehen sollte. Der Gedanke, nach Hamburg zu ziehen, war nicht ganz unattraktiv. Doch sollte sie dieses Risiko eingehen, ohne zu wissen, ob Mathis überhaupt eine feste Bindung eingehen mochte? Doch wie sollte er das nach so kurzer Zeit schon wissen können? Die Entfernung war also doch ein Problem. Erna hätte in Luxemburg nicht gerade wenig aufzugeben. Immerhin war sie europäische Beamtin auf Lebenszeit und hatte ein sehr gutes Einkommen. In Hamburg hätte sie bestimmt nicht so leicht eine ähnlich gute Stelle gefunden. An Luxemburg an sich hing sie nicht. Sie hätte das Land ganz gern verlassen, um wieder in Deutschland zu leben. Doch sie war realistisch genug, um ihre erreichte materielle Sicherheit gut zu finden. Auch die Selbständigkeit gefiel ihr. Sie wollte sich im Grunde nicht von einem Mann abhängig machen, obwohl sie sich nach liebevoller Zweisamkeit sehnte. Nun kamen ihr starke Zweifel, ob sie mit Mathis die von ihr angestrebte Beziehung verwirklichen könnte. Sie setzte sich an seinen Schreibtisch und schrieb ihre Gedanken nieder. Als sie fertig war, hatte sie überhaupt keine Lust mehr, auf seine Rückkehr zu warten. Sie dachte, es würde nicht viel bringen, wenn ich jetzt mit ihm darüber diskutieren würde. Dafür war er viel zu mundfaul. Sie legte den Brief (wieder mal ein Brief) offen hin, schrieb einen Abschiedsgruß darunter, packte ihre Sachen und fuhr zurück nach Luxemburg. Mathis antwortete nicht. Wahrscheinlich war sie ihm zu anstrengend mit ihren vielen Gedanken, und außerdem schien er auch die Komplikationen zu scheuen.

Winter auf Sylt

Da Ose immer wieder davon geschwärmt hatte, wie schön es im Dezember auf Sylt war, entschloss sich Erna, gleich nach Weihnachten über Neujahr wieder nach Sylt zu fahren. Ose sagte mit überzeugender Miene: „Im Winter bauen wir in den Dünen Skilifte auf." Doch so naiv, um sich diesen Bären aufbinden zu lassen, war Erna inzwischen nicht mehr. Sie war ja jetzt schon fast eine Insiderin. Diesmal mietete sie sich in einem Kampener Hotel ein. Sie fürchtete nämlich, dass sie bei Ose unterm Dach frieren würde. Außerdem war es einfacher mit dem Essen. Jeden Abend in einem Restaurant zu speisen, lief ganz schön ins Geld. Sie dachte, vielleicht treffe ich Mathis wieder, und wir können vielleicht einen neuen Versuch machen. Als sie Ose besuchte, hörte sie, dass auch Mathis erwartet wurde. Erna freute sich. Vergessen hatte sie ihn noch nicht. Eines Tages sagte ihr jemand vom Hotel Bescheid, dass Besuch für sie da sei. Es war Mathis zusammen mit einer anderen Frau. Als Erstes fühlte sie einen kleinen Stich. Doch es stellte sich heraus, dass die beiden nur platonisch befreundet waren. Jedenfalls hatte Erna diesen Eindruck. Fragen stellte sie keine. Die Freundin erzählte, dass sie schon so viel von Kampen gehört und die Gelegenheit ergriffen hätte, Mathis zu begleiten und im Haus seiner Familie zu wohnen. Während der folgenden Tage waren die drei immer zusammen unterwegs. Es ergab sich also keine Gelegenheit zu einem persönlichen Gespräch mit Mathis. So trennten sie sich wieder. Scheinbar hatte er ihren Brief als endgültige Beendigung ihrer kurzen Beziehung verstanden. Sie selbst war sich da nicht so ganz sicher gewesen. Andererseits wusste sie aber auch keinen Ausweg aus dem Dilemma, da sie sich immer weniger mit dem Gedanken anfreunden konnte, ihre Arbeitsstelle zu kündigen. Allerdings hätte sie sich zunächst für höchstens drei Jahre beurlauben lassen können. Das hätte sie möglicherweise getan, doch da Mathis von sich aus keine Initiative mehr ergriff, beließ sie es dabei und dachte: Vielleicht ist es besser so. Irgendwie meldete sich wieder ihre zarte innere Stimme, die Andeutungen machte, dass ihr Leben in ein paar Jahren eine neue Richtung nehme und sie dafür frei bleiben müsse. Nun hatte sie so lange allein gelebt, dann würde sie die Zwischenzeit auch noch überbrücken und aushalten können.

Sylt war ihr jedoch nicht verleidet worden. Daran, dass sie auch den nächsten Urlaub wieder auf dieser außergewöhnlichen Insel verleben wollte, hatte sie keinen Zweifel. Mathis kam immer im August. Erna zog den Juni oder Juli vor, weil dann weniger Betrieb und der Strand noch nicht so dicht besiedelt war. Sie trafen also nicht so schnell wieder zusammen.

Kampen im März

Bereits im März sehnte sich Erna schon wieder nach Sylt. Sie entschloss sich zu einem kurzen Vorurlaub. Sie stapfte allein durch den kalten Sand und besuchte den Platz, wo im Sommer ihr Strandkorb gestanden hatte. In einer etwas traurigen, nostalgischen Stimmung schrieb sie diese Verse:

Kampen im März (1972)

Im März ist in Kampen
noch himmlische Ruh.
Man wird nicht gesehen,
fast alles ist zu.

Vor Karlchen kein Auto,
der Gogarten leer.
Denk ich an den Sommer
und an den Verkehr.

Am Strand läuft man meist
bis zur Nase verpackt
und sieht sich im Geist
im Juli schon nackt.

Ich ging zu der Stelle,
wo mein Strandkorb einst stand,
und malte versonnen
ein Herz in den Sand.

Doch nach einem Schauer
war nichts mehr zu sehn.
Ich ließ mir vom Wind
eine Träne verwehn.

Dann trabte ich weiter
und lauschte dem Meer,
die Augen geschlossen,
die Stiefel voll Teer.

Mathis' neue Freundin

Irgendwann, Erna konnte sich später nicht mehr genau an das Jahr erinnern, traf sie Mathis während eines Urlaubs wieder. Er hatte eine neue Freundin. Erna war immer noch solo, und seltsamerweise meldete sich eine leichte Eifersucht bei ihr. Doch sie überwandt dieses Gefühl, weil sie es für unangebracht hielt, da sie ja gar nicht mehr vorgehabt hatte, wieder etwas mit Mathis anzufangen. Als sie sah, wie sympathisch seine neue junge Freundin war, beschloss sie, sich mit beiden anzufreunden. Britta kam ihr ebenfalls mit Herzlichkeit entgegen, und so verbrachten sie manche Stunde gemeinsam auf einer Düne, die den Strand überblickte. Als Erna am Meer entlangwanderte, sahen die beiden sie von oben und riefen und winkten ihr zu. Sie stieg hinauf und folgte der Einladung, sich zu ihnen zu setzen. Das ergab sich öfter, und Erna hatte den Eindruck, dass den beiden ein wenig Unterhaltung durch sie willkommen war. Sie war ebenfalls froh, nicht so viel allein zu sein. Sie wunderte sich über Brittas Bescheidenheit. In der Hochsaison war Mathis' Elternhaus total ausgebucht, so dass nicht einmal ein Zimmer für ihn und seine Freundin übrig war. Die beiden legten sich Matratzen in die leere Garage und schliefen dort. Erna dachte bei sich, mit mir wäre das nicht gegangen. So ganz ohne Komfort hätte ich meine Urlaube nicht verbringen wollen. Britta war viel jünger als sie und Mathis. Sie schien kein Problem damit zu haben, in einer fensterlosen Garage zu übernachten. Mathis war ein Jahr älter als Erna.

Während der kommenden Urlaube auf Sylt gab es keine neuen Lieben für Erna. Sie litt jedoch nie unter Langeweile und nutzte die Zeit, um sich gut zu erholen. Sie fuhr sogar zweimal im Jahr nach Kampen. Im Frühsommer und im Herbst. Gerade der September war oft wunderschön und mild. Manchmal lernte sie Ehepaare am Strand kennen, mit denen sie Spaß hatte. Sie ließ sich jedoch nie in Kreise ziehen, die ihr nicht ganz geheuer vorkamen. Eine Karriere als Wanderpokal lockte sie nicht. In einem Jahr bemerkte sie von ihrem Strandkorb aus eine Gruppe Männer, die sich mit jungen Frauen amüsierten. Man sah öfter in ihre Richtung. Schließlich kam eine der Frauen zu ihr und fragte, ob sie keine Lust habe, zu ihnen in die Strandburg zu kommen. Erna antwortete, dass sie es sich überlegen wolle. Sie sprach mit ihrer Freundin Ose darüber, was sie von den Leuten hielt. Als Einheimische, die sich regelmäßig am Strand aufhielt, kannte sie viele von ihnen seit Jahren. Erna sah sie zum Beispiel oft bei dem Fernsehmoderator Joachim Friedrichs im Korb sitzen. Er trug stets einen japanischen Kimono mit einem großen Drachen darauf, wenn ihm kühl war. Ose antwortete nur: „Du hast doch Freunde“, und an ihrem Gesichtsausdruck konnte Erna ablesen: Wenn ich du wäre, würde ich mich von diesen Männern fernhalten. Das tat sie dann auch. Einmal fand Erna ein Briefchen an ihrer Autotür hängen mit einer Einladung. Sie reagierte jedoch nicht darauf. Zufällig traf sie diesen Mann am Tag darauf, als sie frühmorgens mit dem Fahrrad in Kampen unterwegs war. Er war auf dem Weg zum Brötchenholen und sprach sie an. An sich ist er recht sympathisch, doch er sieht sehr verheiratet aus, dachte Erna. Solchen Bekanntschaften ging sie lieber aus dem Weg.

Der kranke Manager

Im Sommer, der auf den März folgte, in dem Erna das Gedicht „Kampen im März“ geschrieben hatte, kam sie mit einem etwa fünfundvierzigjährigen Mann ins Gespräch, der seinen Strandkorb neben ihr hatte. Er war allein und ganz auf seine Erholung konzentriert. Da er sie nicht anmachen wollte und Erna ihn angenehm fand, zeigte sie ihm ihre Verse. Er war sehr davon angetan und schlug vor, dass sie sie an die Sylter Zeitschrift schickte. Das tat sie auch, doch nichts geschah. Das mit den „Stiefeln voller Teer“ hatte ihnen wohl weniger gefallen, weil es keine gute Reklame gewesen wäre. Der nette Korbnachbar meinte noch: „Als ich jung war, schrieb ich auch gern Gedichte. Doch dann wurde ich Manager bei M3, einem großen amerikanischen Konzern, und jetzt sitze ich auf Sylt, um mich vom dritten Herzinfarkt zu erholen.“ Er fürchtete sich schon, bald wieder in seinen Stress zurückzumüssen. Er sagte: „Sie haben es besser gemacht, mit einem Job als Sekretärin zufrieden zu sein und noch genug Energie zu haben, ab und zu ein Gedicht zu schreiben. Und Urlaub auf Sylt können Sie sich auch leisten. Ich muss ein großes Haus für meine Familie unterhalten und kann nicht einfach alles hinschmeißen.“ Erna hatte Mitleid mit ihm. Natürlich hatte sie es im Beruf auch nicht immer ganz leicht, ein Manager schien jedoch schwerer an der Verantwortung für den Erfolg seiner Firma zu tragen. Von nun an beneidete sie keine Manager mehr und war sehr zufrieden mit dem, was sie erreicht hatte.

Mutters Tod und ihre Erscheinung

Von 1971 bis 1980 verbrachte Erna jedes Jahr zweimal ihren Urlaub auf Sylt. Nur im Jahr 1974 machte sie eine Ausnahme, weil im März ihre geliebte Mutter mit neunundfünfzig Jahren starb und sie in ihrer Trauer das fröhliche Strandleben nicht ertragen hätte. Stattdessen fuhr sie in die Alpen nach Adelboden, wo sie einsame Spaziergänge in den Bergen unternahm, um ihrer Mutter nah zu sein. Während der Autofahrt in die Schweiz stellte sie sich vor, ihre Mutter säße neben ihr. Sie redete laut mit ihr und ließ sie durch ihren Mund antworten. Spätabends traf sie im Hotel ein und legte sich bald ins Bett. Plötzlich erschien ihre Mutter. Sie war ganz weiß, ihr Körper, ihre Haare und ihre Kleider. Während sie durchs Zimmer auf Erna zuschritt, wandelte sie sich allmählich und sah wie eine normale schöne junge Frau aus. Sie beugte sich zum Bett herunter, in dem Erna lag, und schwebte halb durch sie hindurch, um sich in das andere, freie Bett neben Erna zu legen. Ihre Gesichter waren sich ganz nah, und sie sprachen lange miteinander. Leider konnte Erna sich später nicht mehr an die Worte erinnern. Sie sah ihr Zimmer trotz der Dunkelheit und bemerkte eine junge Frau in der Balkontür. Ihre Mutter sagte: „Das ist meine neue Freundin. Sie wollte dich gern kennenlernen." Die Freundin ließ Erna durch Gedankenübertragung wissen, dass sie nicht länger stören wolle, und breitete die Arme wie zwei Flügel aus, um rückwärts in die Nacht zu fliegen. Nach einiger Zeit verschwand auch Ernas Mutter. Erna war sehr glücklich über dieses überirdische Erlebnis und hatte keinen Zweifel daran, dass ihre Mutter sie wirklich besucht hatte. Sie fühlte sich getröstet, und obwohl ihr Verstand nicht in der Lage war, die ausgetauschten Worte zu erinnern, kam es ihr vor, als wären sie auf den Grund ihrer Seele gesunken, von wo sie in der Zukunft im richtigen Augenblick wiederauftauchen und ihr helfen würden, ihren Weg zu finden. Erna wusste jetzt, dass ihre Mutter auf einer anderen Ebene lebte und sich weiter für ihre Tochter interessierte. Der Tod hatte seine Schrecken für sie verloren.

Die Intuition wächst

Im Sommer 1976 kündigte sich ein allmählicher Wandel in Ernas Bewusstsein an. Die Intuition wurde langsam stärker. Verstand und Herz waren allerdings noch nicht auf der gleichen Höhe. Folgendes Gedicht entstand in Kampen im Strandkorb.

Der Stein (1976)

Seit tausend Jahren liegt der Stein
allein im Dünensand,
träumt oft vom wahren, echten Sein
in einem fernen Land.

Er liebt den warmen Sonnenstrahl,
den kühlen Wind, den frischen Regen,
doch hat er nicht die freie Wahl,
sich mal woanders hinzulegen.

Nur manchmal rollt er hin und her,
wenn hohe Wellen ihn erreichen.
Voll Freude gibt er sich dem Meer,
ist dankbar für das gute Zeichen.

Die Ahnung von dem wahren Leben
lässt ihn mit Liebe weiter hoffen
und lässt sein Selbst zum Himmel schweben,
denn alle Tore stehen offen.

Dann liegt er wieder eine Weile
zufrieden und recht wohlgemut.
Er hat Geduld und keine Eile
und weiß, es wird am Ende gut.

Die Zeit ist für ihn nicht sehr wichtig.
Sie mag vergehn, die Seele bleibt.
Solang der Lauf des Weges richtig,
er stetig hin zum Meere treibt.

In einer kalten, dunklen Nacht,
er war gerade eingeschlafen,
da ist er plötzlich aufgewacht
und fand sich draußen vor dem Hafen.

Die Sturmflut hat ihn mitgenommen
und trug ihn weit ins Meer hinaus.
Nun war er endlich fortgekommen
und glücklich auf dem Weg nach Haus.

KAPITEL III

Eine neue Liebe

Gedichte

In Luxemburg war Erna ziemlich einsam. Sie fürchtete fast, nie einen Mann zu treffen, den sie wirklich lieben könnte. Da sie in ihren besten Jahren nicht völlig enthaltsam leben wollte, ging sie ein kleines, unverbindliches Verhältnis mit einem verheirateten italienischen Kollegen ein. Allerdings war diese Beziehung nicht gerade befriedigend für sie. Als sie 1978 einen luxemburgischen Schriftsteller traf und sich in ihn verliebte, brach sie die Affäre mit dem Kollegen ab. Die Art, wie sie Roger kennenlernte, war recht ungewöhnlich. Von Zeit zu Zeit schrieb sie kleine ironische Gedichtchen. Eines davon schickte sie an die neugegründete Zeitschrift „Emma", weil sie fand, dass es ganz gut zu deren Inhalten passte.

Es bezog sich auf eine alte, unglückliche Beziehung in Deutschland, bevor sie nach Luxemburg gekommen war, und ging so:

Glück gehabt (1968)

Ich hätte ihn sofort genommen,
wär er mit einem Ring gekommen,
denn damals war ich noch sehr dumm
und lief verstört im Kreis herum.

In dir sah ich ein Superwesen,
obwohl du nie ein Buch gelesen.
Die Menschen waren dir egal.
Dein Herz bestand aus Edelstahl.

Wie konnte mir das nur gefallen?
Du warst der Mieseste von allen.
Das sage ich in vollem Ernst
und weiß, dass du es niemals lernst,

auch andre neben dir zu dulden,
doch dir soll jeder Achtung schulden.
Wie grässlich hast du angegeben.
Für dich gabs nur ein Ziel im Leben:

Wie mach ich schnell das meiste Geld?
Nichts war dir wicht'ger auf der Welt.
Das hätte nicht zu mir gepasst.
Viel Geld ist eher eine Last.

Man muss nur ständig überlegen,
was ist zu tun mit diesem Segen?
Ich denke lieber andre Sachen
und möcht mir keine Sorgen machen,

ob Thyssen Dividenden kürzt
und mich in eine Krise stürzt.
Du bist für mich Vergangenheit.
Die Zeit mit dir liegt endlos weit.

Wie gut bin ich davongekommen,
weil du mich nicht zur Frau genommen!

Daraufhin rief eine Redakteurin der „Emma“ bei ihr an und bat um ein Foto, das man zusammen mit dem Gedicht veröffentlichen wollte. Erna freute sich und ging extra zu einem Fotografen, um Porträtaufnahmen machen zu lassen, da sie keine aktuelle Aufnahme mehr besaß. Nach der Veröffentlichung meldete sich eine Kollegin, die sie bis dahin noch nicht gekannt hatte. Diese schrieb ebenfalls Gedichte, wenn auch ganz anders. Die beiden Frauen trafen sich und tauschten ihre „Werke“ aus. Etwas später sagte Barbara zu Erna: „Du hast ein phänomenales Reimtalent.“ Erna verstand den herabsetzenden Unterton. Reime waren nämlich aus der Mode, und Barbara schrieb in modernen freien Versen. Doch Erna kümmerte sich nicht um Moden. Reimen machte ihr einfach mehr Spaß. Sie hielt sich ja auch nicht für eine wahre Dichterin. Zunächst war Barbara jedoch gönnerhaft und fragte: „Hast du Lust, mit mir zu einer Dichterlesung zu gehen bei einer Malerin, die ich kenne?“ Natürlich hatte Erna Lust. Allzu viel Spannendes passierte zur damaligen Zeit in ihrem Leben ja nicht. Luxemburg hatte sie gerade ganz schön satt. Da sie sich nicht zu den Dichterinnen zählte, deren Vortrag gefragt war, nahm sie nichts Gereimtes mit. An dem Abend stellte sich jedoch heraus, dass die Malerin den Wunsch hatte, dass jeder/jede, der/die schrieb, etwas zum Besten gab. Auch Erna wurde gefragt, ob sie etwas vorlesen möchte. Da sie nichts dabeihatte, konnte sie nur ein Gedicht auswendig aufsagen. Allerdings verhaspelte sie sich ein wenig, vielleicht weil sie aufgeregt war. Nachstehend das Gedicht:

Zirkus (1973)

Wie ein Zirkus, einstweilen in Ruhe,
so komm ich mir selber vor.
Die Requisiten verwahrt in der Truhe,
verschlossen das Eingangstor.

Doch er lebt und wird wiederkommen,
das weiß der Direktor genau.
Noch hat er nicht den Gipfel erklommen
und freut sich auf manch gute Schau.

Die Tiere sind jetzt in der Freiheit,
im Park, ohne Ritt und Programm.
Die Dompteure vermissen die Arbeit
und langweilen sich dann und wann.

Die Clowns sind normal, nicht sehr heiter,
und haben nur eines im Sinn:
Wann geht es denn endlich mal weiter,
und wo führt die Reise uns hin?

Die Artisten sind weitergezogen
mit einem neuen Vertrag.
Ihr Leben gleicht wandernden Wogen
vom einen zum anderen Tag.

Das Zelt ist ein wenig zerknittert,
gefaltet liegt es herum,
die Wagen schon etwas verwittert,
die Lautsprecher rostig und stumm.

Doch lange kann es nicht mehr dauern,
bis der Zirkus sich wieder erhebt.
Er muss einfach raus aus den Mauern,
weil sein Herz heimlich sehnsuchtsvoll bebt.

Dann kommen die Menschen wieder,
die ihn lieben und an ihn geglaubt.
Die Band spielt die zündenden Lieder,
und Saltos sind wieder erlaubt.

Ebenfalls anwesend war ein luxemburgischer Dichter und Schriftsteller, von dem Erna schon gehört hatte. Er hatte bereits eine gewisse lokale Berühmtheit erlangt. In einem kleinen Land wie Luxemburg ist das aber so eine Sache mit dem Ruhm. Auch wenn man sozusagen einen einheimischen Bestseller hat, muss man weiter einen Brotberuf ausüben oder mit einem gutverdienenden Partner liiert oder verheiratet sein.

Während Erna ihr gereimtes Werk aufsagte, hatte sie Blickkontakt mit Roger, dem Schriftsteller, und sie sah ein gewisses Aufmerken in seiner Miene. Als sie geendet hatte, spendete er wohlwollend Beifall, und Erna fühlte sich geehrt und glücklich. Im Laufe des Abends kamen die beiden ins Gespräch und verabredeten sich. Erna wurde wieder einmal von Amors Pfeil getroffen. Obwohl nach einem rund sechsjährigen Gang durch die Wüste die Worte „wieder einmal“ stark übertrieben sind. Erna war ziemlich ausgehungert nach Liebe. Sie dürstete regelrecht danach. Roger zeigte auch Anzeichen von Verliebtheit. Erna deutete sie zumindest so.

Roger schenkte ihr all seine Bücher, und Erna las sie sehr konzentriert mit viel Freude. Sein Stil gefiel ihr. Er schrieb deutsch. Sie dachte, endlich habe ich jemand Gleichgesinnten gefunden, mit dem ein echter Austausch möglich sein könnte. In seinem Privatleben war Roger jedoch weniger frei als Erna. Er hatte eine traumatische Ehe hinter sich. Das Ende war schrecklich gewesen, weil seine Frau Alkoholikerin gewesen war und sich schließlich das Leben genommen hatte. Ein verstörter Ehemann, ein vierzehnjähriger Sohn und eine achtjährige Adoptivtochter aus dem Fernen Osten waren zurückgeblieben.

Altlasten und Schmerzen

Erna hatte den Eindruck, dass ihre neue Beziehung zunächst ganz gut begann. Sie machten Ausflüge zusammen, manchmal mit, manchmal ohne Kinder, oder sie begleitete ihn zu Dichterlesungen, die er im sogenannten Ösling gab, dem ländlichen Norden von Luxemburg. Die neuen Eindrücke taten Erna gut. Im Bett gab es noch gewisse Anlaufschwierigkeiten. Erna dachte, wenn wir uns erst einmal etwas besser kennen, wird sich das geben. Schließlich müssen eine Menge Altlasten beiseitegeräumt werden. Erna strengte sich an. Sie war lieb zu Roger, weil sie das Bedürfnis dazu hatte. Doch er schien durch ihre Euphorie eher gebremst zu werden, als einen neuen Aufschwung zu nehmen. Er klagte, dass er nicht mehr schreiben könne und dass seine Augen zu schlecht zum Zeichnen seien (als Zeichner hatte er nämlich ebenfalls Erfolg gehabt). Alles tue ihm weh, besonders die Arme, jammerte er. Erna machte sich Sorgen um ihn. Sie wollte, dass es ihm gutging. Sie dachte, vielleicht habe ich Heilkräfte in den Händen, und versuchte ihn von seinen Schmerzen zu befreien, mit dem Ergebnis, dass sie ebenfalls Schmerzen in den Armen bekam. Die kleine Tochter lebte bei der Schwiegermutter und der Sohn beim Vater. Der Junge hatte keine Lust, für die Schule zu lernen. Erna dachte, man muss ihn nur richtig motivieren. Deshalb paukte sie Erdkunde mit ihm, was auch richtig Spaß machte. Jetzt auf einmal konnte sich der Sohn den trockenen Stoff merken. Roger sagte später zu ihr: „Das hat ihm nur gefallen, weil er die weibliche Nähe zu dir genossen hat.“ Er war fünfzehn und fast ein junger Mann.

Im Allgemeinen besuchte Erna ihren neuen Freund in dessen Wohnung. Als er sie einmal in ihrer Wohnung besuchte, merkte sie, dass er sich nur in den eigenen Wänden zwischen den eigenen Bildern wohlfühlte. Erna hatte an Kunst an den Wänden nicht viel aufzuweisen. Sie war ja keine Malerin und hatte nicht das nötige Geld, um Originale zu erwerben. Den Unterhalt für sich und die Kinder verdiente sich Roger als Beamter beim Ministerium für Kultur. Er organisierte unter anderem Dichterlesungen, auch für sich selbst.
Erna stellte sich vor, wie schön es wäre, gemeinsam ein großes Haus zu mieten. Sie informierte sich sogar bei einem Makler und sprach mit Roger darüber. Er äußerte sich nicht, und Erna nahm an, dass es für ihn noch zu früh war, da er seine Vergangenheit noch nicht bewältigt hatte.

Die Urlaubszeit nahte. Erna erzählte Roger, wie schön und erholsam es auf Sylt sei. Roger reagierte nicht positiv. Er hatte in jenem Jahr gar keine Urlaubsreise einschließlich Kinder geplant. Doch so selbstlos, um auf ihren jährlichen Syltaufenthalt zu verzichten, war Erna nun doch nicht. Roger versuchte auch nicht, sie davon abzuhalten. Womöglich war er ganz froh, sich drei Wochen ohne Freundin in seiner Wohnung einzuigeln, mit einer großen Schale Bonbons zum Trost. Dem Bauch tat das gar nicht gut. Seiner künstlerischen Kreativität würde es vielleicht nützen.

Briefe von Kampen

Erna belud also ihr Auto und machte sich zum ca. fünfzehnten Mal auf in den hohen Norden Deutschlands. Roger wünschte sich, dass sie ihm jeden Tag einen Brief schrieb, damit er auch etwas von ihrem Urlaub hätte. Das tat sie gern, weil sie glaubte, ihm auf diese Weise ein wenig von der Sylter Atmosphäre vermitteln zu können.

Den ersten Brief schrieb sie am 20. Juni.

„Roger, Lieber,

bevor ich diesen Brief angefangen habe, bin ich in ganz Kampen herumgelaufen, um einen schwarzen Kugelschreiber zu finden. Es gab aber keinen. Deshalb kriegst Du jetzt einen blauen Brief. (Er hatte einmal gesagt, dass er keine blaue Schrift leiden könne.)

Ich sitze am Rand der Dünen. Vor mir fällt die Küste ungefähr 30 Meter steil ab. Über den Strand wandern ein paar kleine Menschen. Das Meer rauscht sanft. Es ist milchig-blau, genau wie der Himmel, viel schöner als in Ostende (wo wir einmal zusammen waren). Während ich zittrig auf dem Schoß schreibe, sticht mir der Strandhafer in die Arme. Über mir segelt eine große weiße Möwe. Der Wind weht nur ganz leicht.

Heute am ersten Tag bin ich noch nicht zu den andern an den Badestrand gegangen, wo mein Strandkorb schon seit drei Tagen auf mich wartet. Ich wollte noch ein wenig mit Dir allein sein. Bei allem, was ich sehe und empfinde, stelle ich mir vor, was Du wohl dazu sagen würdest. Es wäre so schön, wenn Du jetzt bei mir sein könntest. Ich glaube, Du würdest Dich hier wohlfühlen. Es ist weder zu heiß noch zu kalt. Die Sonne steht über dem Meer und wirft eine glänzende, schimmernde Straße auf die Wellen. Manchmal überwältigt mich diese Landschaft so sehr, dass mir die Tränen kommen. Dani und Manon hätten auch ihren Spaß hier. Es ist ein Paradies für Kinder.

Die Fahrt ist gestern sehr gut verlaufen. Erst mittags, 12 Uhr, bin ich in Luxemburg abgefahren, und kurz nach acht war ich schon am Autozug. Er fuhr Viertel vor neun ab. In einer halben Stunde war ich auf Sylt und um 9.30 Uhr bei meinen Freunden. Sie begrüßten mich sehr lieb und luden mich ein, mit ihnen Pellkartoffeln und Heringssalat zu essen. Ose sagte gleich: ‚Warum hast du deinen Freund nicht mitgebracht?‘

Als ich aus dem Auto stieg, hüllte mich der wunderbare Duft der Heide mit ihren blühenden Rosenbüschen ein. Du kannst Dir nicht vorstellen, wie schön es hier ist. Im Süden hat es mir nie so gut gefallen wie hier. Vielleicht ist es egoistisch, die Schönheit der Natur so hemmungslos zu genießen, während überall Menschen leiden. Ich komme mir sehr privilegiert vor und bin dankbar, dass mir das Leben so viel Gutes schenkt. Sehr froh bin ich auch, dass ich Dich getroffen habe. Einen Mann wie Dich habe ich noch nie gekannt. Du bist ganz anders als der oberflächliche Durchschnitt, der alles nur einseitig sieht. Ich habe mir immer gewünscht, einen Mann wie Dich zu finden. Fast habe ich schon geglaubt, dass es das gar nicht gibt. Dein unbestechlicher Charakter ist einmalig. Ich fühle mich sehr klein neben Dir. Als ich Dich bei Anna sah, wusste ich auf den ersten Blick, dass Du außergewöhnlich bist. Die meisten Menschen vergewaltigen ihr eigenes Wesen. Deswegen werden sie krank und unglücklich und sterben früher, als es nötig wäre. Ich meine, wir sind doch auf der Erde, um unser Leben so gut wie möglich zu nutzen und gleichzeitig auch an die andern zu denken. Wenn es dann zu Ende geht, haben wir ein wenig dazugelernt und sind im nächsten Leben nicht mehr ganz so dumm. Auf diese Weise entwickeln wir uns weiter und kommen dem Göttlichen ganz langsam näher.

Lieber Roger, es ist jetzt gleich halb sieben abends und immer noch sehr mild. Mein Hinterteil tut mir vom langen gebeugten Sitzen ein wenig weh. Ich glaube, ich werde noch etwas laufen und bei der Post vorbeigehen, um den Brief an Dich einzuwerfen.

Ich denke an Dich.
Viele liebe Grüße und Küsse
Erna"

Täglich saß Erna schreibend im Strandkorb. Dr. Rolf Flatterhaar, der unter dem gleichen Reetdach wie sie wohnte, sagte im Vorbeigehen: „Schreibst du wieder einen Liebesbrief? Der Glückspilz." Sie war richtig stolz, jedem von ihrem Freund zu erzählen, und zeigte auch gern sein Foto. Immer wieder sah sie es an, während sie am Schreiben war. Es war für sie fast so, als erlebe sie diesmal Sylt mit Roger zusammen. Es wäre so schön gewesen, einmal in Realität mit dem Liebsten im Strandkorb zu sitzen und sich vom Wind schütteln zu lassen. In ihrer Umgebung wimmelte es von doppelt besetzten Strandkörben. Warum war ihr das nicht vergönnt? Ernas Schicksal schien es zu sein, den Platz ganz für sich allein beanspruchen zu können. Natürlich redete ihr niemand in die Stellung des Korbes hinein. Dafür musste sie ihn aber auch selber herumwuchten, wenn der Wind sich drehte. Wie gerne hätte sich Erna auch mal ein bisschen verwöhnen lassen, alle viere von sich gestreckt oder sich auf den Bauch gelegt, um sich den Rücken eincremen zu lassen. Auch ihre schwere Tasche musste sie immer selbst schleppen. Nur einmal überholte sie auf dem Steg der besonders nette Rettungsschwimmer Jürgen und fragte: „Kann ich dir deine Tasche tragen?" Ganz ohne Hintergedanken. Er hätte nämlich fast ihr Sohn sein können. Außerdem hätte er Grund gehabt, sie vor lauter Stolz überhaupt nicht zu beachten. Er war nämlich Vizeweltmeister im Surfen und erwartete demnächst seine Surffreunde aus Hawaii.

Boris gehörte schon lange nicht mehr zum Rettungsschwimmerteam. Er war inzwischen ganz aufs Zähneretten spezialisiert und bereits Hausbesitzer in Kampen. Das war wohl von Anfang an sein vorrangiges Ziel gewesen. Verheiratet und wieder geschieden sei er auch schon, hatte man ihr erzählt. Erna dachte jetzt: Damals hätte ich noch ganz andere Schlüsse aus seinem Verhalten ziehen können. Wahrscheinlich war ich ihm viel zu arm und unbedeutend, um mit mir seine ehrgeizigen Sylter Pläne zu verwirklichen. Er wollte ein Mitglied der Sylter Gesellschaft werden. Eine kleine Sekretärin aus Luxemburg wollte er dabei nicht an seiner Seite haben. Ein Glück für Erna. Sie erinnerte sich an das zweite Jahr ihrer Syltaufenthalte: Damals lief sie ihm zufällig am Rand der Dünen in die Quere. Als er sie sah, griff er sich demonstrativ die ihn begleitende Frau und küsste sie heftig. Im Vorbeigehen sagte er, so dass Erna es hören konnte: „Es geht schon wieder viel besser." Erna fasste seine Bemerkung so auf, als mache er sich über sie lustig im Hinblick auf ihren Brief, in dem sie ihn zum Homosexuellen gemacht hatte. Seltsamerweise kam ihr die Art, wie er seine Begleiterin küsste, wieder nicht echt vor, sondern so, als wolle er etwas damit beweisen. Einen Gruß war sie ihm nicht mehr wert. Wahrscheinlich verachtete er sie nun, doch das machte ihr nichts mehr aus.

Göttliche Liebe

Parallel zu Ernas äußerem, sichtbarem Leben wurde ihr inneres Wesen mehr und mehr von einer transzendenten Kraft erfüllt. Dieser Zustand verstärkte sich nach dem Tod ihrer Mutter und der Vision, die sie von ihr hatte. Am Ende des gleichen Jahres wurde ihr eine weitere spirituelle Erfahrung geschenkt. Sie konnte ihren physischen Körper vorübergehend verlassen und fand die wahre göttliche Liebe auf höheren Ebenen. Die Einzelheiten stehen in einem anderen Buch.

Erna war sehr glücklich über ihr reiches Seelenleben. Durch die Bestätigungen ihrer Ahnungen wurde sie ausgeglichener und zuversichtlicher. Ihr Verhalten im Zusammentreffen mit anderen Menschen schien jedoch noch von den alten Mustern bestimmt zu sein. Wahrscheinlich hatte sie noch zu viele Vorurteile und bildete sich ein, dass das Bild, das sie sich von einem Mann machte, wahr würde, wenn sie nur unbeirrt daran festhielt. Dabei machte sie nichts wütender, als wenn sie ihrerseits das Gefühl bekam, ein Freund wolle sie auf ein Podest stellen. Wenn Roger zum Beispiel zu ihr sagte: „Du bist lieb“, wurde sie misstrauisch und antwortete trotzig: „Ich bin nicht lieb!“

Mathis und Britta waren auch gerade auf Urlaub in Kampen. Erna war froh, durch sie ein wenig Gesellschaft zu haben. Ab und zu saßen sie abends beieinander in Ernas Apartment oder bei ihnen im Wohnzimmer. Sie tranken eine Flasche Wein und sprachen über das, was sie bewegte. Dabei stellte sich heraus, dass die Beziehung ihrer Freunde in einer Krise war, nach fünf Jahren. Erna tat es leid. Britta gestand ihr, dass sie gern ein Kind hätte, Mathis sich zu diesem Thema jedoch nicht äußern wolle. Sie müsse jeden Tag daran denken. „Ich bin jetzt so weit, dass ich das bringen könnte, notfalls auch allein“, sagte sie. „Es muss mir nur jemand das Kind machen. Am liebsten wäre mir Mathis. Er findet aber, dass die augenblicklichen Umstände, zum Beispiel die kleine Wohnung, für ein Kind nicht zumutbar wären. Große Wohnungen seien in Hamburg so teuer, dass er sich das nicht leisten könne und schon gar nicht, wenn mein Verdienst durch die Mutterschaft wegfalle. Wenn er es wirklich wollte, fände sich auch ein Weg. Ich bin mit fünfundzwanzig ja noch jung, aber Mathis sollte mit dreiundvierzig auch nicht mehr zu lange warten. Ich habe mit einigen etwas älteren Frauen gesprochen und den Eindruck gewonnen, dass sie es bereuen, nicht rechtzeitig Kinder bekommen zu haben.“ Mathis saß schweigend da und wirkte leicht verlegen. Ich sagte: „Früher habe ich mir auch ein Kind gewünscht. Jetzt mit zweiundvierzig nicht mehr. Ich hätte nur ein Kind gewollt von einem Mann, bei dem ich keine Zweifel gehabt hätte, dass wir zusammenpassen. Kinder von Eltern, die nicht wirklich glücklich miteinander sind, haben es meist schwer im Leben. Sie wollen es in keinem Fall wie ihre Eltern machen, wissen aber wegen des mangelnden Anschauungsunterrichts häufig nicht, wie sie es besser machen könnten. Sie müssen sich die Erfahrungen zuerst in langen Jahren erwerben Wenn sie die nötige Geduld und Kraft dazu haben, ist es oft zu spät, um noch eigene Kinder zu bekommen. Ich will keine eigenen Kinder mehr haben, weil ich mein jetziges Wohlbefinden nicht mehr aufs Spiel setzen möchte. Das Kind oder ich könnte krank werden oder sterben. Das will ich nicht. Dafür lebe ich noch zu gerne." Als Mathis einmal kurz das Zimmer verließ, sagte Britta: „Es ist so schwer, Mathis aus seiner Reserve zu locken." Ihr geht es mit ihm also genauso wie mir vor sieben Jahren, dachte Erna und sagte: „Jemand wie ihn findest du aber nicht alle Tage. Manchmal muss man auch nicht alles zerreden. Du kannst doch bestimmt schon seine Gedanken lesen. Er würde sicher immer zu dir halten, und er hat einen guten Charakter. In gewisser Weise ist seine Verschlossenheit doch auch ein Anreiz für dich, ihn aufzulockern." – „Ja, schon, aber über manche grundlegenden Dinge muss man einfach sprechen. Wenn ich sauer bin, muss ich das sagen", entgegnete Britta. „Du hast ja recht, ich empfinde auch so", antwortete Erna.

Es tat ihr sehr leid, dass die Beziehung der beiden nach fünf Jahren nun in die Brüche zu gehen drohte. Andererseits fühlte sie sich bestätigt. Sieben Jahre zuvor, als sie sich in Mathis verliebt hatte, hatte es ihr im Zusammensein mit ihm ebenfalls an mehr Kommunikation gemangelt. Da sie ihn nur so selten getroffen hatte, war sie sich allerdings nicht ganz sicher, weshalb sie immer wieder weglief. Es war eher eine intuitive Handlungsweise gewesen, die sie sich nicht recht erklären konnte. Schließlich hatte sie ihn doch gern. Mathis hatte ihr später einmal den Vorwurf gemacht, dass sie immer so komisch weggelaufen sei. Wahrscheinlich hatte sie bereits sehr früh (schneller als Britta) realisiert, dass Mathis und sie doch nicht wirklich zusammenpassten. Deshalb hatte sie es für aufrichtiger gehalten, ihm nicht lange etwas vorzumachen.

Erna hielt es unverdrossen durch, jeden Tag einen Brief an Roger zu schreiben. Sie teilte ihm auch ihre Sylter Adresse mit und schielte jeden Morgen aufs Tischchen in der Diele, wo die Post lag. Roger hatte es nicht eilig mit einer Antwort. Irgendwann, welche Freude, lag doch ein Umschlag mit seinem Absender da. Sie wollte gerade zum Strand fahren. Im Auto sitzend öffnete sie sofort das Kuvert. Ein paar Schnipsel fielen heraus. Es waren kleine Erinnerungsstücke seines Lebens und ein winziges Foto, das er in vier Teile zerschnitten hatte. Damit wollte er wohl andeuten, dass er nicht besonders heil war. Erna klebte die Teile sorgfältig zusammen und dachte, dass sie auch ihn damit wieder ganzmachen könnte. Kein geschriebenes Wort lag bei. Er wusste wahrscheinlich nicht, wie er auf ihre Briefe eingehen sollte. Erna nahm es ihm nicht übel. Sie freute sich über die Sächelchen und betrachtete sie immer wieder liebevoll. Bald würde sie ihn ja sowieso wiedersehen und alles besprechen können. Ein Schriftsteller war nun mal kein Durchschnittsmann. Sie hatte viel Verständnis und war auch nicht sehr fordernd.

An einem Abend besuchte sie Oses und Mathis' Mutter. Sie waren zu viert mit Britta. Seit jener Nacht vor sieben Jahren, in der Erna Mutter nicht aus ihrem Doppelbett hatte vertreiben wollen, hatten sie sich nicht mehr getroffen. Mutter war jahrelang unversöhnlich gewesen. Erst ihre Krebserkrankung hatte sie milder gemacht, so dass sie Erna verziehen hatte. Nun war sie doch nicht ihre Schwiegertochter geworden. Erna spürte, dass auch die Beziehung zwischen Mutter und Kindern gestört war. Sie redeten nicht frei miteinander. Erna verstand das nicht und fragte sich, warum Menschen, die sich so nahestehen, oft kaum ein liebes Wort füreinander haben.

Am 26. Juni schrieb Erna auch einen Brief. Seltsamerweise erwähnte sie darin nicht, dass es ihr Geburtstag war. Sie schien ihn vergessen zu haben. Auch ihren Freunden in Kampen erzählte sie nichts davon. Sie hatte es sich abgewöhnt, ihren Geburtstag zu feiern. In Luxemburg hatte sie auch nie die richtigen Freunde gefunden, mit denen man gerne Geburtstage feierte. Manchmal kam es ihr vor, als sei Luxemburg nicht der Platz, an dem sich ihr wahres Leben verwirklichen würde. Sie war doch eine umgängliche Person und auch nicht ganz hässlich. Warum traf sie keine Gleichgesinnten? Einen Freund hatte sie allerdings. Es war der mit dem Verlag, in dem ihre Artikel über die Emanzipation der Frau veröffentlicht wurden. John war verheiratet, und Erna konnte auch seine Frau Gaby gut leiden. Leider starb John fünf Jahre später.

Sollte sich das Blatt jetzt wenden? Vielleicht war Roger ja der Richtige. Erna hätte gern einen Mann und Familie gehabt. Die Kinder waren ja schon da, sollte es für sie selbst zu spät dafür sein.

Erna versuchte, Roger an ihrem harmlosen Strandleben in Kampen teilhaben zu lassen. Als neue Nachbarn, ein etwas älteres Paar, den Korb neben ihr bezogen, schrieb sie: „Vom langen Sitzen und Schreiben bin ich ganz steif geworden. Ich werde jetzt einen Spaziergang machen. Es war schön, mit den Füßen durchs Wasser zu laufen. Als ich zurückkomme, spricht mich mein neuer Nachbar an: ‚Wollen Sie denn noch bleiben? Frieren Sie denn nicht? Warten Sie auf Ihren Freund? Haben Sie noch keinen Hunger? Sie sind so allein. Wollen mal abwarten, wie das morgen wird.‘ Ich antwortete: ‚Ich bin gern allein.‘ Darauf werden seine Augen groß, und der Mund bleibt ihm offen. ‚Wo kommen Sie denn her?‘, fragt er weiter. ‚Aus Luxemburg.‘ – ‚Aus Ludwigsburg?‘ – ‚Nein, Luxemburg.‘ – ‚Eine kleine Luxemburgerin! Sie sprechen aber gut Deutsch.‘ – ‚Ich bin deutsch.‘ Erstauntes Schweigen. ‚Haben Sie denn keine Freunde?‘ – ‚Doch‘, sage ich und er: ‚Ich bin auch Ihr Freund.‘ Ich denke: Sehr lieb, hoffentlich lässt er mich morgen auch ab und zu freundlos schreiben.“

Am nächsten Tag schrieb sie folgenden Brief:
„Stell Dir vor, ich war zum ersten Mal ganz im Meer. Das Wasser hatte bestimmt nur 15 Grad und die Luft knapp 20 Grad. Ich dachte, ich schaff es nicht, und schnappte nach Luft mit allen Atemorganen. Doch ganz allmählich ging ich immer weiter hinein, und als mich die erste Welle überspült hatte, fühlte ich mich plötzlich unheimlich wohl. Ich fror gar nicht mehr und ließ mich von den Wellen anspringen. Die hatten heute gerade die richtige Höhe für mich.

Eben gingen zwei kleine Jungen Hand in Hand vorbei und sangen mit hellen Stimmchen wie Sängerknaben. Als ich aus dem Wasser zurück zum Strandkorb kam, sagte ich wie alle andern zu meinen Nachbarn: ‚War das herrlich! Wenn man sich einmal überwunden hat, ist es gar nicht mehr kalt. Sie müssen unbedingt auch reingehen.‘ Sie machten sich gleich auf und befolgten meinen Rat. Er kam früher zurück als seine Frau und sagte: ‚Mein Macker will gar nicht mehr raus.‘ Nanu, dachte ich, das ist aber eine originelle Bezeichnung für eine Ehefrau. Etwas später unterhielten wir uns noch ein wenig. Sie sind sehr sympathisch und witzig, aber auch neugierig. Sie beobachteten mich, als ich einen Strandläufer abblitzen ließ, und freuten sich darüber. Das sei ein ganz Schlimmer. Den würden sie kennen. Ich sagte: ‚Er wollte Volleyball mit mir spielen.‘ – ‚Ah, so nennt man das jetzt‘, antworteten sie. ‚Für den sind Sie zu schade.‘ – ‚Ich will gar keinen Anschluss finden‘, klärte ich sie jetzt auf. ‚Ich schreibe jeden Tag einen Liebesbrief.‘ Das gefiel ihnen. ‚Schreiben Sie mir auch mal einen Liebesbrief?‘, sagte er. ‚Dann lassen Sie mal Ihre Frau zuhause und schreiben ihr einen.‘ – ‚Das habe ich ja‘, antwortete er. Oh, là, là, so ein Schwerenöter, dachte ich. Die Frau warf ein: ‚Wir sind kein Ehepaar, das sieht nur so aus.‘ Dann kam er in meine Burg und sagte: ‚Ich muss mich mal ein bisschen näher mit Ihnen unterhalten.‘ Er erzählte, dass er einen landwirtschaftlichen Betrieb in der Nähe der Ostsee habe. Ein Bauer also und mit seiner Geliebten am FKK-Strand. ‚Können Sie denn so einfach von Ihrem Hof weg?‘, wunderte ich mich. ‚Ja, jetzt wächst das ja.‘ –

‚Müssen Sie denn kein Unkraut zupfen?', fragte ich. ‚Nein, so ist das nicht mehr.'
Inzwischen sind sie weg, mit Vorfreude auf was Warmes zu trinken. Ich bin auch gleich weg, weil ich vor Zittern fast nicht mehr schreiben kann, der Magen knurrt und Pipi muss ich auch."

Im Brief vom 30. Juni stand dies:
„Ich lese nochmal den Schluss der Dromedare (Rogers Buch). Um die Entfaltung der Persönlichkeit und ihrer schöpferischen Kräfte zu erreichen, muss man, glaube ich, zuerst einen gigantischen Höhenflug machen und das Gefühl haben, als wäre das Weltall für einen allein geschaffen. Dann geht einem nach und nach die eigene Selbstüberschätzung auf, und man lässt Luft ab, kehrt wieder auf die Erde zurück und weiß, dass man nur durch geduldige, kleine Schritte zusammen mit Gleichgesinnten etwas erreichen kann. Das Gelächter der Machthungrigen kann uns nicht mehr aus dem Gleichgewicht bringen. Sie entlarven sich damit selber, verraten ihre Schwächen und geben uns damit eine Chance. Sie halten uns für naiv, aber ich glaube, dass uns die schöpferischen Kräfte sehr stark machen können. Sie wirken nämlich nur im positiven Sinne.
Wenn man es gelernt hat oder die Gabe in sich entwickelt hat, andere vollkommen zu durchschauen, ist man eher geneigt, das Widersprüchliche im Charakter der meisten Menschen und in sich selbst zu akzeptieren. Man findet plötzlich, dass die miesesten Typen liebenswerte Eigenschaften haben. Wenn man nicht nur das Schlechte er-

wartet, ist man plötzlich überrascht, wie viel Positives es neben all der Scheiße auch gibt. Das erweckt Hoffnung und Freude.
Lieber Roger, habe ich ungefähr verstanden, was Du mit dem Schluss Deines Romans sagen wolltest? Wenn nicht, erklär es mir bitte."

Erna schrieb natürlich noch viel mehr Briefe. Doch ein Teil davon fällt unter das Briefgeheimnis oder ist zu langweilig.

Am 5. Juli schrieb sie:
„Dieser Tag ist wie aus dem Bilderbuch geschnitten, ein Geschenk Gottes. Rechts und links vom Strand ziehen Wolken, und über uns nimmt ein blaues Band kein Ende. Alle Menschen lachen. Sylt ist lieblich und frisch. Ich bin so glücklich heute, dass ich fast ein schlechtes Gewissen habe. Ich möchte, dass es Dir und Deinen Kindern auch so gut geht. Sylt hat mir so viel Gutes getan. Ich habe der Insel viel zu verdanken. Hier bin ich erwachsen geworden und habe leben gelernt. Darf ich mich denn nicht ein bisschen über mein Glück freuen, nachdem ich bis zum Alter von vierzig überwiegend unglücklich war?
Ich habe einen Lauf am Meer entlang gemacht und immer wieder vor mich hin gesagt: Ist das schön! Ist das schön! Unterwegs kam mir ebenfalls laufend Hannes Marker entgegen. Er lachte, und ich sagte auch zu ihm: ‚Ist das schön!' Er antwortete: ‚Wunderbar!' Und wir liefen weiter.

Nach dem Strandlauf habe ich so schrecklichen Hunger gekriegt, dass ich mir zum ersten Mal in diesem Urlaub Kuchen genehmigt habe. Ich wusste aus früheren Jahren, dass er bei Manne Pahl immer besonders gut schmeckte. Ich bin aber enttäuscht. Früher war dieses Café so richtig schön alt-dörflich. Jetzt hat man es aufgemotzt mit Bar, wo die Möchtegern-Playboys herumhängen. Dafür ist der Kuchen nur noch halb so gut, aber sicher doppelt so teuer. Ich habe ein Plätzchen in der Ecke gefunden, wo ich wenigstens ungestört schreiben kann. Gleich merke ich neugierige Blicke. Wenn die Leute jemand schreiben sehen, denken sie wohl gleich, es könnte ja jemand vom Fernsehen sein. Hier komme ich nicht mehr her. Das hat vielleicht auch Valeska Gert gedacht, als sie sich mit sechsundachtzig abends ins Bett gelegt hat und morgens einfach nicht mehr aufgestanden ist. Sie war eine Ausdruckstänzerin und ein Stummfilmstar. Sie spielte zum Beispiel mit Greta Garbo in ‚Die freudlose Gasse'. Sie hat auch zwei Bücher über ihr Leben geschrieben, die mich sehr angerührt haben. Eines davon heißt ‚Die Katze von Kampen'. Sie liebte Katzen sehr und machte sich Sorgen, was nach ihrem Tod aus ihnen werden würde. Sich selbst bezeichnete sie als Hexe. Sie saß jeden Nachmittag im Café Manne Pahl, und vor zwei Jahren lernte ich sie dort kennen. Ein paar Wochen vorher hatte ich ihr ein paar meiner Verse geschickt. Sie fand sie realistisch und wollte kaum glauben, dass ich die Schreiberin bin. Sie war sehr lieb zu mir und lud mich ein, abends in ihre Künstlerkneipe ‚Ziegenstall' zu kommen, was ich tat. Ich war stolz, dass sie so nett zu mir war. Sie war nämlich berühmt-berüchtigt für ihren schonungslosen Sarkasmus. Sie sagte den Leuten immer ins Gesicht, wenn ihr etwas nicht passte. Wenn jemand in einer ihrer Kabarettkneipen, unter anderem in New York, eine Darbietung störte, ging sie hinunter, ohrfeigte die Störenfriede und schmiss sie hinaus. Die Kellner waren immer gleichzeitig die Künstler. Zu ihren Künstlerkellnern gehörte zum Beispiel auch Tennessee Williams. An dem Abend, als ich sie besuchte, spielte sie mir Tonbänder vor, auf die sie vor ein paar Jahren Chansons gesungen und Gedichte gesprochen hatte. Sie war trotz ihres hohen Alters unheimlich rege und temperamentvoll. Sie aß so gern Süßigkeiten. Am Tag trug sie immer schwarze Lederhosen und abends einen etwas vergammelten roten Satinanzug. Sie war stark geschminkt. Der Lippenstift setzte sich in allen Falten um den Mund ab. Die Haare waren schwarz gefärbt und hingen ihr in kurzen Fransen ins Gesicht. Ihr Mund war sehr groß, und sie konnte unheimlich schadenfroh damit lachen. In ihrer Hässlichkeit war sie bildschön. Sie hatte überhaupt keine Hemmungen und wirkte doch manchmal wie ein verwirrter, schüchterner Backfisch. Ihre Sätze waren druckreif formuliert. Ihre Stimme klang wie die einer jungen Frau.

Ich durfte den ganzen Abend neben ihr sitzen, während sie andere Leute kurz abspeiste und hinterher spöttische Bemerkungen bei mir über sie machte. Ich hatte sie sehr gern. Eine ihrer kellnernden Chansonetten bezeichnete sie mir gegenüber in deren Anwesenheit als Kuh. Das war natürlich nicht gerade nett und mir peinlich. Aber niemand schien ihr etwas übel zu nehmen. Dafür war sie

zu alt und genial. Freundlicher behandelte sie einen schönen, Schwäbisch sprechenden Kellnertänzer. Dieser zog sich während seiner Darbietung vollständig aus und entpuppte sich als Frau. Er sei früher ein Mann gewesen und habe sein Geschlecht durch eine Operation umwandeln lassen, klärte mich Valeska auf. Der Tanz war sehr ästhetisch und überhaupt nicht frivol.
Ein oder zwei Jahre darauf hat sie ihren Körper verlassen. Man fand sie so, wie sie sich abends ins Bett gelegt hatte. Sie ist also buchstäblich entschlafen und hatte wahrscheinlich einen leichten, friedlichen Tod.

Als ich montagsabends auf Sylt ankam, hörte ich im Radio, gerade als ich vom Autozug herunterfuhr, ein Interview mit ihr, wahrscheinlich ihr letztes. Ich fühlte mich sehr angerührt und weinte ein wenig. Es kam mir so vor, als würde sie mich aus einer anderen Welt auf Sylt begrüßen. Nachdem ich vor meinem Gästehaus bereits angehalten hatte, saß ich bestimmt noch zwanzig Minuten im Auto, um bis zum Ende zuzuhören. Valeska Gert war für mich einer der interessantesten und liebenswertesten Menschen auf Sylt.“

Erna schrieb und schrieb im Ganzen sechzehn Briefe und glaubte, Roger eine Freude damit zu machen. In Wahrheit schrieb sie an ihm vorbei. Das wurde ihr jedoch erst später bewusst.

Brief vom 3. Juli:

„Heute Morgen habe ich zum ersten Mal ‚Scheißregen' gesagt zu mir selbst. Ich spiele mit dem Gedanken, früher nach Hause zu fahren. Aber ich kann die Hoffnung auf Sonne noch nicht ganz aufgeben und rieche auch den Seewind so gern. Und gut erholen will ich mich auch. Also mache ich Gymnastik im Zimmer. Draußen rauschen die Autos. Manche Leute scheinen die Insel bei Regen vor lauter Langeweile auf und ab zu fahren. Gott sei Dank bin ich nicht damit geplagt. Seit die Sonne nicht mehr scheint, höre ich auch den Kuckuck nicht mehr rufen. Man kann ihn manchmal in der Heide sehen. Er ist gar nicht scheu wie in unsern Hochwäldern.

Malerateliers besuchen gehe ich auch nicht, wenn es regnet, sonst denken sie, ich komme nur, weil es regnet. Wenn das Wetter gut ist, bin ich abends so lange am Strand, dass es zu spät ist, hinterher noch Maler zu besuchen. Ich bin schrecklich.

Ich glaube, jetzt tröpfelt es nur noch ein bisschen. Dann werde ich mich anziehen und rausgehen.

Gestern Abend waren Britta, Mathis und ich wieder ausgiebig im Withüs essen. An der technisch perfekten Art, wie Mathis seine Scholle zerlegte und verspeiste, konnte man erkennen, dass er es schon von Kindesbeinen an getan hat. Britta und ich stellten fest, dass unser Teller hinterher immer wie ein Schlachtfeld aussieht. Wir saßen noch lange bei koffeinfreiem Kaffee und Calvados und quatschten.

Jetzt bin ich am Strand. Die Sonne hat zehn Minuten geschienen, und ich habe einen schönen, großen Spaziergang ohne Regen gemacht. Man ist dankbar für alles. Ich habe meine Bluse ausgezogen und hoffe auf noch mehr Sonne. Der Hose habe ich mich auch entledigt. Die Sonne ist da, fragt sich nur, wie lang.
Ich muss lachen. Da kommt ein kleiner Junge hinter meinem Strandkorb hervor, zeigt mit seinem kleinen Finger auf mich, läuft zu seinem Vater zurück und sagt: ‚Da liegt eine ganz nackisch.'

Nach zwanzig Minuten musste ich mich wieder ankleiden, und auf dem Papier erscheinen die ersten Tropfen. Vor mir schaufeln welche in ihrer Burg. Ich sehe nur ihre Oberkörper, so hoch sind die Wälle schon. Meine geerbte Burg tut's noch. Noch lieber würde ich überhaupt nichts von denen sehen oder hören. Während er mit dem Bub Ball spielt, schreit er mit seiner unangenehmen Stimme immer wieder: ‚Mach so feste, wie du kannst!'

Auf dem Wasser quält sich Wolf wieder mit dem Segel herum. Ob es ihm wirklich solchen Spaß macht oder ob er nur zeigen will, was er noch kann? Die ganze Zeit habe ich in ‚Ein fliehendes Pferd' gelesen.

Nun bin ich in meinem Zimmer und sehe aus dem Fenster einen schmalen Streifen Abendrot über dem Wasser unter den Wolken. Man sagt doch, dass es dann am nächsten Tag schön wird. Ich habe so ein Gefühl, als ob es wirklich morgen besser würde.

Lieber Roger, ich schäme mich ein bisschen wegen dieser oberflächlichen Sorgen und dass ich sie Dir auch noch mitteile. Hoffentlich hast Du genauso wenig Sorgen wie ich.

Seltsam, wenn ich heute Abend auf Dein viergeteiltes Foto sehe, stelle ich plötzlich ein kleines Lächeln darauf fest.

Jetzt gehe ich noch zur Post und dann ins Bett.

*Ich möchte Dich ger*ne in natura küssen.
Bis bald, Erna"

Alles in allem war Ernas Sylturlaub ziemlich verregnet. Trotzdem ließ sie sich nicht die gute Laune verderben. Auf Sylt galt die Devise „Schlechtes Wetter gibt es nicht, sondern nur schlechte Kleidung". Zu einem richtigen Sylt-Nerz hatte Erna es allerdings noch nicht gebracht. Sie besaß nur die kurze Jacke eines Skianzugs. Untenherum wurde sie also nass bei Regen. Sie dachte, für den kurzen Aufenthalt lohnt sich die Anschaffung einer wirklich wasserdichten Ausrüstung nicht. Dafür wollte sie kein Geld opfern. Die Syltaufenthalte waren nicht gerade billig, weil sie fast jeden Abend im Restaurant aß. Erna hatte ein gutes Gehalt, konnte jedoch ihr Geld nicht verschwenden, da sie noch an ihrer Eigentumswohnung in Luxemburg bezahlte.

Enttäuschung

Nach drei Wochen kehrte Erna erwartungsvoll nach Luxemburg zurück. Sie dachte, nun könne sie die Früchte ihres Schreibfleißes ernten. Seltsamerweise fiel Rogers Begrüßung eher lau aus. Er war in depressiver Stimmung. Scheinbar hatte Ernas Euphorie bei ihm das Gegenteil bewirkt. Sie saßen nebeneinander auf seiner Couch und wussten nicht viel zu sagen. Roger bat sie, mit hinunter in den Garten zu kommen. Dort müsse er die Socken von der Leine nehmen und ordnen. Beide saßen also wie ein altes Ehepaar vor der Kellertür und suchten und verknoteten Socken miteinander. Für jeden Strumpf fanden sie den passenden Partner. Erna und Roger schienen sich jedoch nicht so gut einander anpassen zu können, wie sie zunächst gedacht hatte. Ein paar Tage später sagte er zu ihr: „Ich liebe dich nicht." Es sei nicht so, dass er nichts für sie empfinde, aber zur Liebe sei er noch nicht fähig. Erna versuchte, gelassen zu bleiben, und dachte, nach all dem Schweren, das er durchgemacht hat, kann ich augenblicklich nicht mehr erwarten. Seine Offenheit, für die sie ihm dankbar war, wirkte jedoch in ihr nach. Ihre Spontaneität fing an zu leiden. Immer wieder ertappte sie sich auch dabei, Dinge zu sagen oder zu tun, die sie gar nicht sagen oder tun wollte. Manchmal war sie ironisch, obwohl ihr ganz anders zumute war. Sie wollte Roger ihre wirklichen Gefühle zeigen, doch plötzlich hatte sie Angst, er hielte sie für sentimental, scheinheilig oder aufdringlich. Oder war es eine Art Selbstschutz, um nicht verletzt zu werden? Vielleicht war sie ja auch nur in die Liebe verliebt und hatte sich in etwas hineingesteigert.

Die ungewollten Eruptionen von Ironie waren womöglich die Wahrheit. Sie war noch nie sehr gut im Unterdrücken ihrer echten Gefühle und Gedanken gewesen.

Roger sagte zu ihr, dass sie ihm nicht viel zeigen würde. Das leuchtete ihr auch nicht ein, weil sie im Gegenteil befürchtet hatte, ihm viel zu offen ihre Zuneigung gezeigt zu haben. Am Ende dachte sie, dazu brauche ich auch etwas mehr Ermutigung. Sie waren nie längere Zeit miteinander allein. Sie sah natürlich ein, dass Roger auf die Kinder Rücksicht nehmen musste. Wäre er weniger um seine Kinder besorgt gewesen, hätte sie ihn auch nicht lieben können.

Bewegungslos

Einmal erzählte ihr Roger von einem Wirt, der fast immer bewegungslos in seiner Kneipe stand. Dieser völlige Stillstand faszinierte ihn. Es wäre genauso gut, wenn man nichts täte. Dadurch würde sich überhaupt nichts ändern. „Das Leben geht so oder so vorbei“, meinte er. Mit fünfundzwanzig hatte Erna eine ähnliche Phase durchlebt und wäre am liebsten gestorben, weil ihr alles sinnlos erschienen war. Doch jetzt, mit zweiundvierzig, war sie dem Leben zugetan, und sie wünschte sich einen Partner, mit dem sie spontan ohne Rückhalt über alles Schöne und Schwierige reden könnte. Der Sex würde sich dann wie von selbst ergeben. Dabei gab es nämlich ebenfalls Missverständnisse. Sie versuchte darüber zu sprechen. Doch inzwischen war der Faden abgerissen. Roger ließ sie nicht mehr an sich herankommen. Sie unternahmen noch einige Ausflüge zusammen, besuchten zum Beispiel Bekannte von ihm, mit denen Erna nicht viel anfangen konnte. Schließlich sagte er: „Ich habe dir ja von Anfang an gesagt, dass ich dir im Moment nicht mehr geben kann.“ Oder: „Wenn du jetzt nicht mehr anrufen würdest, wäre ich nicht traurig.“ Erna war etwas verwirrt.

Nach einem Besuch bei ihr verabschiedete sich Roger mit den Worten „Sei nicht traurig“. Von da an riefen sie sich nicht mehr an. Erna konnte zwar immer noch nicht die Hoffnung ganz aufgeben, dass doch noch alles gut würde, und schrieb ihm zwei weitere Briefe, die unbeantwortet blieben. Durch Offenheit wollte sie Missverständnisse aus dem Weg räumen. Wahrscheinlich hatte er jedoch gar keine Lust zur Offenheit und Erna ging ihm auf die Nerven mit ihrem Hang zur Problemerhellung. Erna war wohl wieder einem Irrtum erlegen, zu glauben, dass Roger der passende Mann für sie wäre. Möglicherweise hatte sie sich ja in den Schriftsteller und nicht in den Mann verliebt. Sie sah endlich ein, dass es besser wäre, keine neuen Kontaktversuche mehr zu starten. Im tiefsten Innern wusste sie schon länger, dass ihr Leben in eine ganz andere Richtung führen würde. Das spirituelle Erlebnis, das sie vier Jahre zuvor gehabt hatte, gab ihr eine Sicherheit, die sie trotz momentanem Gefühlschaos nie wieder verlor, wenn sie zunächst auch nicht dachte, diese Grenzerfahrung habe einen direkten Zusammenhang mit ihrem Liebesleben. Sie war einer Art von Liebe begegnet, die unabhängig von Menschen und äußeren Begebenheiten wirkt und glücklich macht. Darauf wollte Erna in Zukunft aufbauen. Sie hatte alles versucht, um eine konventionelle Beziehung mit einem Mann zu realisieren und eine Familie zu gründen. Scheinbar war dies in ihrem Lebensplan nicht vorgesehen. Erna hatte genug davon, sich ein Bein auszureißen, um am Ende frustriert oder beschämt davonzuhumpeln. Sie war es leid. Roger hatte ihre Visionen und inneren Erlebnisse sowieso als Quatsch abgetan. Bei ihm hätte sie nie ganz sie selbst sein können. Das war ihr inzwischen klar geworden. Nie wieder werde ich meine Intuitionen verleugnen, dachte sie. Ich werde mich auf die Führung durch eine höhere Kraft verlassen. Ihre Erwartungen und Hoffnungen, ein Mann könne ihre emotionale und seelische Erfüllung gewährleisten, gab sie ohne Bedauern auf. Wahrscheinlich hatte sie Eigenschaften in Männern vorausgesetzt, die zumindest bis dahin weitgehend verschüttet waren. Ihr Lebensglück wollte sie nicht länger von ihnen abhängig machen. Sollte auf der großen Erde irgendwo ein männliches Wesen existieren, das für mich vorgesehen ist, werden sich irgendwann unsere Wege kreuzen, sagte sie sich. Fortan machte sie sich jedenfalls keine Sorgen mehr und tat in ihrer Freizeit nur noch das, was ihr Freude bereitete, zum Beispiel Lesen von Büchern über Berichte von Menschen, die eine höhere Wahrheit kennengelernt hatten. Gleichgesinnte zu finden, das war nun ihr Ziel.

KAPITEL IV

Ein neuer Lebensabschnitt

Ein kurzes Wiedersehen

Den nächsten Urlaub verbrachte Erna wie jedes Jahr im Strandkorb in Kampen auf Sylt, obwohl es dort nicht von Gleichgesinnten wimmelte. Doch die frische Nordseeluft tat ihr gut und würde ihr neue Kraft geben, um die Arbeit im Statistischen Amt weiter zuverlässig zu erledigen und zu ertragen. Mathis war ebenfalls auf Urlaub in seinem Heimatort, doch leider ohne Britta. Sie hatte ihn verlassen und war zu dem Freund zurückgekehrt, den sie wegen Mathis aufgegeben hatte. Mathis war etwas einsam und ein wenig traurig. Da Erna ebenfalls allein war, kamen sie sich wieder näher. Sie wohnte sogar für einige Tage bei ihm in der Wohnung, als sie ihren Urlaub verlängerte und kein Zimmer mehr frei war. Nach dem Tod seiner Mutter hatte Mathis deren Wohnung geerbt und hatte nun endlich eine feste Bleibe im Elternhaus, die nicht vermietet wurde. Mathis war lieb, hilfsbereit und großzügig. Erna hatte ihn recht gern. Trotzdem konnte sie sich nicht vorstellen, zu ihm nach Hamburg zu ziehen. Ob er sich das gewünscht hätte, darüber tauschten sie sich nicht aus. Sie merkte auch, dass sie ganz froh war, wenn sie mal wieder einen Tag allein ohne ihn im Strandkorb sitzen konnte. So sehr sie sich über Mathis' Ankunft und seine Gesellschaft gefreut hatte, wurde es ihr nach einiger Zeit fast zu viel, immer mit ihm zusammen am Strand zu sitzen. Schließlich sagte sie sogar eines Tages, dass sie mal ein wenig Alleinsein brauche, was er verstand. Auch das Schlafen mit ihm im gleichen Zimmer war etwas schwierig für Erna. Mathis schnarchte nämlich ein bisschen, und sie konnte dadurch kaum schlafen.

Als sie sich am Ende des Urlaubs trennten, verabredeten sie sich nicht zu einem neuen Treffen. Sie wussten wohl beide, dass ihre Wege nicht miteinander zu vereinbaren waren. Auch mit ihm konnte Erna nicht über das sprechen, was ihr wirklich wichtig war. Mathis erging es vielleicht ähnlich. In gewisser Weise empfanden sie Liebe füreinander, doch reichte sie nicht aus, um eine radikale Änderung herbeizuführen, ihren Job aufzugeben und ihren Wohnsitz zu verlegen.

In den folgenden Jahren riefen sich Mathis und sie ab und zu an. Ungefähr sieben Jahre danach fuhr Erna ein letztes Mal nach Kampen. Mathis war ebenfalls alleine da. Es gab noch viel Sympathie zwischen ihnen, doch als er seine Hand auf ihr Knie legte, schob sie sie sanft beiseite und sagte: „Ich kann das nicht mehr." Inzwischen hatte sie nämlich die Erfüllung durch die große Liebe gefunden.

Zeichen

Seit Erna nicht mehr krampfhaft nach der Liebe eines bestimmten Mannes Ausschau hielt, schien ihre spirituelle Suche nach Gleichgesinnten langsam in die richtige Bahn zu kommen. Eigentlich war es gar keine Suche. Erna ließ sich lediglich ein auf die Zeichen, die in ihr Blickfeld gerieten.

Während ihrer Mittagspause bummelte sie manchmal durch Luxemburgs Fußgängerzone, die Grand-Rue. An einem Tag landete sie ohne Absicht in einer Buchhandlung mit dem Namen „Brück“. Und buchstäblich zur Brücke in einen neuen Lebensabschnitt wurde ihr Besuch in diesem Laden. Sie streifte an den Regalen vorbei, und ihr Blick fiel auf ein Buch, das als einziges herausgenommen war und auf der Ablage davor lag. Es hieß „Sri Aurobindo kam zu mir“. Sie wusste, dass Sri Aurobindo ein großer indischer Yogi war, hatte sich bisher jedoch nicht sonderlich für dessen Lehren interessiert. Als sie nun Sri Aurobindos Augen auf einem Foto sah, spürte sie sofort die innere Verwandtschaft mit ihm. Sie kaufte das Buch – es war von Dilip Kumar Roy, einem indischen Sänger und Schriftsteller – und war vollkommen hingerissen über die Schilderung seines Weges mit Sri Aurobindo. Erna las alle Bücher über Sri Aurobindo, an die sie in Luxemburg herankam. Darunter war auch ein Erlebnisbericht eines Deutschen, der Jahre zuvor nach Pondicherry, wo Sri Aurobindo lange gelebt und gewirkt hatte, und nach Auroville, der neuen Zukunftsstadt, gekommen war. Auroville war von Mirra Alfassa, der französischen

Lebensgefährtin von Sri Aurobindo, 1968 gegründet worden, als er seinen irdischen Körper bereits verlassen hatte.

Erna fühlte sich durch diese Menschen in all ihren eigenen Ahnungen und Intuitionen bestätigt, und sie beschloss, ebenfalls nach Indien zu reisen, um endlich aus ihrer Isolation herauszukommen. Sie war sehr glücklich und voller Vorfreude.

Im Sommer fuhr sie ein letztes Mal vor ihrer Indienreise nach Sylt und ließ ihre Pläne in sich heranreifen. Freunden und Bekannten erzählte sie von ihrer Entdeckung und ihrem baldigen indischen Abenteuer. Alle schauten sie natürlich leicht entgeistert an und dachten sicher, diese Illusionen werden ihr in Indien schon ausgetrieben werden. Doch Erna ließ sich nicht entmutigen. Sie hatte nicht den geringsten Zweifel, auf dem für sie richtigen Weg zu sein. Sie saß in ihrem Strandkorb, träumte von der Zukunft und reimte Verse, in die ihre Gefühle eingingen.
An einem kalten Regentag flossen zusammen mit den Wassertropfen diese Verse aufs Papier:

Regen, Sturm und Sonne (Juli 1979)

Du meiner Jugend kalter Regentag,
mit Schauern hast du meine heiße Stirn gekühlt,
als ungeschützt mein Herz im Feuer lag
und jeden Stich so wie ein Dolch gefühlt.

Die dunkeln Nebel trübten meinen Blick,
der Hoffnung schon für Liebe nahm.
Ich klagte über mein Geschick,
das nie zu einem guten Ende kam.

Lang war der Himmel schiefergrau,
die Wolken hingen schwer auf mir.
Ich sah den Weg nicht mehr genau
und fühlte mich verloren hier.

Doch die Geduld hielt mich umfasst,
genährt durch einen stillen Traum
ertrugen wir der Tage Last,
und langsam wuchs der Lebensbaum.

Der Sturm hat ihn sehr stark gemacht,
die Wurzeln reichen endlos weit.
Der Vogel in der Krone lacht
und singt von einer neuen Zeit.

Das will die Sonne gerne sehn
und brennt sich durch die Wolkenwand.
Dazu lässt sie die Winde wehn,
bis alle Dunkelheit gebannt.

Der Vogel wird gen Süden ziehn
und trägt mich sicher durch die Luft.
Fliegst du mit mir, mein Hölderlin,
zu eines warmen Ufers Duft?

Aufbruch

Am 21. Oktober 1979 schrieb Erna in Luxemburg diese Verse, die nun endlich vom Sieg der Seele über den Verstand kündeten:

Alles stehn und liegen lassen

Alles stehn und liegen lassen,
den ganzen Kram,
der mir die Aussicht versperrt.
Vertrauen in die Träume fassen.

Die Seele wartet still
und sieht dem Treiben zu.
Was der Verstand nicht will,
das lässt ihr keine Ruh.

Sie wächst und wächst
und sprengt fast meine Haut.
Der Wall schwankt schon,
den ich ihr aufgebaut.

Noch sitzt der Vogel faul im Nest
und krallt sich fest.
Anstatt zum Himmel aufzusteigen,
lauscht er bequem den Sphärengeigen.

Bald sind die Flügel stark genug,
und er bricht auf zu einem langen Flug.
Am Ziel, wohin der Mut ihn trug,
ist er befreit von Lug und Trug.

Danach buchte sie den Flug für ihre erste vierwöchige Reise nach Südindien. Der Autor des Buches über Auroville hatte ihr angeboten, dass sie in dem von seiner Gruppe finanzierten Haus in Auroville wohnen könne. Das war ihr angenehm, da durch diese Hilfe ihr Start in der neuen Welt erleichtert würde.

Ankunft

Erna landete mit zwei Tagen Verspätung in Madras, da der Motor ihres Flugzeuges der Air India von Frankfurt nach Delhi ausgetauscht werden musste. Als sie schließlich in Madras eintraf, war natürlich kein Auto mehr da, das sie abholen sollte. Sie blieb über Nacht in einem Hotel und nahm sich am nächsten Morgen ein Taxi von dort aus nach Pondicherry. Die Fahrt dauerte endlos lang. Für 160 Kilometer benötigte der Fahrer mindestens sechs Stunden. Das Taxi war sehr alt und klapprig. Erna fürchtete, es könnte jeden Moment zusammenbrechen. Fahrer und Beifahrer sahen auch nicht sehr vertrauenerweckend aus in ihren kurzen Wickelröckchen. In ihrem Leben waren sie wahrscheinlich noch nie in Pondicherry gewesen. Erna saß hinter den beiden Indern und überantwortete sich ihrem Schicksal. Wie durch ein Wunder fanden sie in der Dunkelheit sogar bis nach Auroville und fragten sich nach dem Haus durch, wo man auf Erna wartete. Der Fahrer verlangte mehr als das Dreifache dessen, was diese Fahrt normalerweise kostete, und verschwand zum Schluss auch noch mit einer teuren Taschenlampe. Erna hatte ihr erstes Abenteuer bestanden und war glücklich, bei ihren neuen Freunden angekommen zu sein. Sie wohnte zusammen mit dem deutschen Autor, einigen seiner Freunde und Aurovillianern in einem modernen großen Haus mit dem Namen „New Community", wo sie sich sehr wohlfühlte.

Während dieser Zeit wurde ein internationales Symposium in den Räumen der „Sri Aurobindo Society" in Pondicherry veranstaltet. Jeden Tag brachte ein kleiner Bus die Gruppe von Auroville nach Pondicherry, das zehn Kilometer entfernt lag. Erna hatte an sich wenig Lust, den ganzen Tag in Konferenzräumen zu sitzen und Vorträgen zu lauschen. Deshalb war sie eigentlich nicht nach Indien geflogen. Da jedoch alle Freunde daran teilnahmen, schloss sie sich nicht aus und bereute es nicht. Gleich am ersten Tag geschah etwas, das sie sich immer ersehnt, aber nach vielen Enttäuschungen schließlich von der Wunschliste gestrichen hatte: Die wahre, große Liebe kam auf sie zu, nahm sie bei der Hand und fragte: „Wie heißt du? Ich bin Abdullah." Erna sah in die warmen, strahlenden Augen eines orientalisch aussehenden jungen Mannes mit gelocktem Haar und üppigem Bart und wusste auf den ersten Blick: Nun haben sich endlich unsere Wege gekreuzt. Alles, was mir bisher widerfahren ist, musste so sein. Es war die Vorbereitung auf diese Begegnung. Abdullah und Erna empfanden gleichermaßen, als hätten sie sich seit einer Ewigkeit gekannt. Sie hatten keinen Zweifel daran, dass ihre Seelen miteinander verwandt waren. Der erste Kontakt war vollkommen mühelos und spontan. Sie spielten keine Rollen, sondern zeigten sich gegenseitig ihr wahres inneres Wesen. Erna hatte das Gefühl, als erfülle sich nun ihr Traum von der Liebe auf allen Ebenen, obwohl sie eigentlich die Suche danach aufgegeben hatte. Diesmal hatte sie sich nicht getäuscht. Es folgte eine Zeit intensiven, echten Lebens. Ganz einfach war es nicht, den indischen Alltag zu bewältigen, doch Ernas Zuversicht und Vertrauen in die Vorsehung waren unerschütterlich. Sie war frei von Erwartungen und fürchtete nicht, die Liebe wieder zu verlieren. Abdullah und Erna machten sich gemeinsam an die schwierige Aufgabe, Freiheitsliebe und Hingabe miteinander zu versöhnen. Wie sie das anstellten und welche Störungen von außen die Beziehung auf die Probe stellten, wird im Band „Wasser-Morgen“ geschildert.